개별화 교육을 위한
몬테소리 교수-학습 지도안

감 각

(3~6세)

권 명 자 편저

M 도서출판 몬테소리

머 리 말

본 감각영역의 지도서는 몬테소리 교육과정을 중심으로 유아의 감각발달지도를 위한 활동(work)을 제시한 교사용 지도서이다. 몬테소리는 흡수력이 높은 민감기의 교육을 매우 중시하고 있다. 유아들은 타고난 5개 영역의 자극활동을 통하여 균형있는 발달을 도모하게 된다.
특히 감각교구에 의한 감각훈련은 지적발달, 언어적인 발달, 소 근육, 대근육 발달까지 중요한 역할을 한다. 유아의 감각지도를 위한 교구로는 생활과 관련한 모든 환경물은 물론이며 이미 과학적으로 개발된 전문적인 다양한 감각교구들을 준비해야 할 것이다. 감각의 지도내용은 ①시각,②촉각,③청각,④미각 ⑤후각 등이다.

여기서 감각교육의 실행 이전에 몬테소리교육의 장점 중에서 몇 가지를 살펴보면 다음과 같다
 첫째, 교육을 뒷받침할 수 있는 철학적 배경과 교육과정 운영방법의 특이함을 발견할 수 있다. 즉 아동의 특성과 적성을 존중하며 아동의 신체적 욕구, 정서적 욕구, 사회적 욕구, 영적 욕구 등 여러 가지 욕구충족의 배려를 위해서는 아이를 잘 알아야한다(follow the child)는 점이다.
 둘째, 교육과정 구성은 3-6세, 6-9세, 9-12세로 묶여 있다. 6세, 9세가 중복되는 것은 아동 개인별 학습발달속도에 따른 나선형의 관계를 가지고 있음을 의미한다. 따라서 반복 학습에 대한 배려는 큰 장점이다. 이것은 학년단위의 호칭인 우리나라와는 다른 점이다.
 셋째, 몬테소리교육에서는 준비된 교사와 준비된 환경을 강조하고 있다.
준비된 교사란 풍부한 지식의 소유, 창의성, 봉사성, 인류애를 지닌 풍부한 바른 인성을 갖춘 교사를 의미한다. 준비된 환경이라 함은 아동의 구체적 조작기에 제공되어야 할 학습일감(work)인 구체적인 교구(material)를 뜻한다. 따라서 교실은 교구화 되어야 하는데 그 교구는 필수 교구를 선정함이 바람직하다. 기본필수교구란 주제 해결에 직결되는 기본교구들을 말한다.
 넷째, 지도방법을 볼 때 저학년은 주로 선택에 의한 조작활동이 이루어지며 고학년으로 갈수록 자기 주도적 학습으로 추상화 작업이나 응용 등, 심화연구의 학습활동(research)이 이루어진다.

그런데 여기서 몇 가지 유의할 점은 우리나라 교육과정과 몬테소리 교육과정의 일치점의 논란보다는 국가교육목표 도달에 목표를 두고 교사협의를 통한 일년의 주제선정에 의한 통합교육과정의 운영에 대한 연구가 필요하다. 또 한가지는 아동이 공부를 하는 방법을 배우게 되는 점이다. 즉, 자료를 찾는 방법이나 변형, 확대, 응용의 발전적인 학습진행의 방법이 이루어진다.

본 지도서의 제작기간은 수년간이 소요되었으나 워낙 방대한 양으로 인하여 미흡한 부분이 없지 않으므로 지속적인 연구로 수정과 보완을 첨가하여 활용하시기 바란다.
 끝으로, 본 지도서가 교육과정운영과 개별화 교육을 위한 교수학습지도에 조금이라도 도움이 되시기를 기원하며 이 책이 완성되기까지 많은 도움을 주신 미국XAVER대학 A.M.S교수 팀과 초등몬테소리교육연구회(ASEME), 한국몬테소리협회(KIM)에 깊은 감사를 드린다.

권 명 자
http://www.k-montessori.co.kr

일 러 두 기

본 **감각영역의 지도서** 활용에 대한 이해를 돕기 위하여 몇 가지 일러두기를 제시한다. 유아들은 보통 일상생활과정에서 건강생활, 사회생활, 표현활동, 언어생활, 탐구생활을 중심으로 준비된 교사와 준비된 환경에서 흥미있는 활동이 이루어지며 그들의 성장발달을 촉진시킨다.

각 주제별 활동지도안의 내용은 ①주제 ②대상 연령 ③교구 ④목적(직접목적과 간접목적) ⑤선행학습 ⑥언어 ⑦교구제시 ⑧활동과정 ⑨흥미 점 ⑩실수 정정 ⑪변형확대 및 응용 ⑫지도상의 유의점 ⑬관찰(평가) 등으로 제시하였다.

한 가지 유의할 점은 유아의 개인별 성향과 발달속도 흥미 그리고 개발되어져야 할 잠재능력개발을 염두에 두고 신축성, 융통성, 흥미성이 고려된 활동들이 주어져야 한다. 특히 유아들에게는 활동의 선택권을 충분히 제공하고 활동시간이나 장소, 활동의 특성과 양에 물의가 없어야 할 것이다.

1. 주제
학습 주제는 활동의 내용을 쉽게 알아 볼수 있도록 간단한 용어로 함축하여 제시하였고 주된 교구 이름으로 제시하기도 하였다

2. 대상 연령
본 활동은 아동 발달에 따른 3-6세 수준을 중심으로 한 내용을 제시하였다. 그러나 년령보다는 어린이 개인의 성장 속도나 발달수준을 배려하여 지도해야 한다

3 교구
학습의 주제 해결을 위해 필요한 **준비된 교구환경(교구)**을 제시하였다. 그러나 본 교구 외에도 변형 추가 등 대체성이나 첨가의 필요성에 따라 보완함이 바람직하다. 그러나 감각교구는 가능한 **제작된 기본 기초교구를 마련**하고 내용에 따라서는 제작해서 사용하는 것도 바람직하다.

4. 목적
몬테소리 지도안의 특징으로 볼 수 있는 학습목표는 **직접목적과 간접목적**이 있다. **직접목적**은 주로 아동개개인의 발달상의 목적으로 본 시간에 달성할 목표를 의미하며 **간접목적**은 직접목적 외에도 본 활동에 의하여 포괄적인 차원의 발전적이고 행위적인 목적을 의미한다.

5. 선행 학습
선행 학습은 **직접 선행학습과 간접 선행학습**으로 나누어 볼 수가 있는데 유아에게 있어서 **직접 선행학습**은 본 주제를 해결하기 위한 준비된 **기초학습**이며 간접 선행학습은 주제와 직결되지 않더라도 질서감, 협동감 등 통합적으로 이미 학습된 여러 가지의 지식과 경험을 의미한다. 선행학습의 필요성은 다음 활동의 수행을 돕기 위한 것이다.

6. 언어

우리는 흔히 언어지도는 국어교과에서만 하는 것으로 인식하기 쉬우나 동물에 관련한 언어, 식물에 관련한 언어 그리고 지리·역사·과학 등 모든 교과에서 직접 관련된 학문적인 용어들을 통합적으로 수없이 다양한 언어를 익히게 된다.

7. 교구 제시

교구 제시는 아동들에게 정확히 제시되어야 한다. 본 교구란에서는 교구활용 상황을 쉽게 볼 수 있고 학습하는 방법을 감지할 수 있도록 하였다.

본 란의 교구 제시는 색상처리가 마땅하나 여러 가지 여건상 흑백으로 처리한 점은 아쉬움이라고 본다.

8. 활동 과정

활동과정에는 수업의 진행상황을 제시하였다. 교사의 지도방법에 따라 더욱 다양한 교 .학습방법을 개발하여 실시하는 것이 바람직하다. 활동과정에서 반드시 유의할 점은 교사의 정확한 제시와 아동들이 구체적인 교구를 스스로 선택하는 등 자기주도적인 학습활동과 집중력으로 사고력, 창의력을 신장시켜야 한다.

9. 흥미점

흥미점은 그 자료 조작에서 색깔·소리·모양·인식점 등 좋아하거나 매력적인 것이 무엇인가를 오감을 통해서 느낄 수 있는 점을 제시하였다. 제시한 외에도 상황과 유아 개인에 따라서는 여러 가지 다양한 흥미 점을 발견하게 될 것이다.

10. 실수 정정

실수 정정은 자료활용이나 학습방법기술의 부족으로 발생된 문제를 정정해주기 위한 상황이나 정정 방법을 제시한 것이다. 학습활동에서 생기는 실수는 교사의 면밀한 관찰과 신속한 대처로 자연스럽게 정정되어야 할 것이다.

11. 변형확대 및 응용

유아의 학습활동이 주어진 활동으로 끝내는 것이 아니고 더욱 발전적인 추가(심화)활동으로 발전됨을 제시하였다. 즉 학습활동에서 변형이나 확대 그리고 응용하여 새로운 정보를 찾거나 무엇인가를 창출해낼 수 있도록 이끌도록 한다.

12. 지도상의 유의점

학습목표 도달을 위하여 학습활동에서 오기 쉬운 시행착오를 사전에 줄이기 위한 것으로 실험 과정에서 나타났던 내용들을 제시하였다. 즉 학습 계획 단계에서 평가까지 각종 야기될 수 있는 여러 가지 문제점이나 보완사항을 제시하였다.

13. 관찰(평가)

평가는 대개 직접목적과 밀접한 관련을 가지고 있으며 아동 스스로 또는 교사의 관찰에 의한 누가 기록 등 다양한 평가방법에 따라 이루어진다. 따라서 본 란에는 수업목표와 관련된 평가 내용들을 제시하였다.

몬테소리(Montessori)의 감각교육

 감각 교육의 목적은 어린이들의 5감각(시각, 촉각, 청각, 후각, 미각)기관을 자극하여 감각기관의 기능을 높이고 주변환경 속에서 습득한 여러 가지 인상들을 보다 잘 정리할 수 있으며 환경에 잘 적응할 수 있도록 하는데 있다.
 Montessori(1870-1952)는 어린이는 자신의 내부로부터의 능력을 갖고 있기 때문에 성인과 동일한 독립된 삶을 가진 존재로 보았다. 유아의 정신에 자극을 줄 수 있는 것이 감각교육이라 생각한 그는 교과내용보다 아동의 준비된 생활환경을 중시하였고 아동 자신의 발달을 결정하는 자발적 활동을 강조하였다. 따라서 인간의 타고난 능력을 이끌어 낼 정비된 환경을 인위적으로 설정하며 아동의 잠재력신장에 노력하였다.
 아동은 개별적으로 각종 교구로 놀이를 한다. 이 교구들은 아동이 스스로 수정해 갈 수 있는 것들이며 어떤 작업을 위해서는 자연적으로 시각과 손의 훈련이 따르게 된다.
 여의사인 몬테소리는 로마대학교에 재 입학, 실험심리학과 교육학을 연구한 후 1907년 3세에서 6세사이의 '밤비니'어린이의 집을 운영하였다. 이 집은 오늘날 '몬테소리법(法)'이라고 알려진 과학적 유아교육법의 산실이 되었고 유럽의 가톨릭 교육권을 중심으로 세계에 널리 퍼졌다. 몬테소리교육방법의 특색은 정리된 환경에서 아동의 자기 활동을 충분히 격려하고, 감각연마와 일상생활 연습을 위해 만들어진 특별 교구(敎具)들을 아이들이 자유롭게 사용하도록 하는 데 있다. 교사는 아이들에게 필요한 환경을 만들어줄 뿐 아이들이 자주성을 발휘할 수 있도록 관찰자의 역할에 노력해야 한다.

이러한 몬테소리교육의 효과는 교구로 작업하는 가운데 눈과 손의 협응능력을 기르며 아이들의 집중력과 감각능력을 길러줄 수가 있었다. 몬테소리는 '집중력은 곧 교육의 열쇄' 라하였다.
어린이들은 감각활동을 통하여 자기활동과 정신집중속에서 즐거움을 맛보며 감각적 변별력과 지적 직관력을 형성한다. 감각교육의 내용은 1.시각활동, 2. 촉각활동 3.청각활동, 4.후각 5.미각활동 들이다.

감각의 연습(Sensorial Exercises)
인간이 태어날 때 신체적으로는 어른과 똑같은 구조로 태어나지만, 교육자들은 신생아를 백지상태라고 말한다. 그러나 아기는 모든 환경을 흡수하는 엄청난 능력과 하려는 강한 의지가 빠른 속도로 진행된다. 이런 활동 중에서 가장 먼저 발달되는 것은 감각기관이고, 그것은 외부와의 정보를 빠르고, 정확하게 입력시키기 위해 불가피한 일이다. 감각기관을 가장 예민하게 발달되는 시기는 대게 만 2세- 6세이다. 몬테소리는 '민감기'를 놓치면 그 후에 많은 노력을 해도 그 효과 면에서 민감기 만큼은 못 미친다고 했다.
 감각활동은 감각기관인 시각, 후각, 촉각이나 통각, 미각, 청각 등의 발달을 도모하며 우뇌의 능력을 촉진시키며 수나 언어교육의 발달에 연계를 이룬다. 따라서각 기관의 발달을 촉진시키기 위해 그 감각기관만을 고립한 상태에서의 훈련으로 그 예민도를 절정에 달하게 하는 특수한 활동이다. 몬테소리는 설명이 없이도 어린이는 이미 체험으로 터득하며 복잡한 이론이 이미 내재될수 있다고 하였다.

 시각 : 시각의 교구는 길이, 색, 모양으로 구분하며 시각이 예민하게 되면 물질의 두께, 면적, 부피, 길이,

질감, 온도, 탄력의 상태 등을 알 수 있을 만큼 민감해진다. 길이에 대한 교구는 원기둥의 종류와 빨간 막대, 분홍탑, 갈색계단으로, 과학적이고 특수하게 만든 교구를 사용 해 1차원적인 길이의 개념(길다. 짧다), 2차원적인 길이 개념(굵다. 가늘다), 3차원적인 길이 개념(크다. 작다) 그리고 1.2.3차원의 교구가 함께 한 입방체 상자 (1.2.3)이다. 색에 대한 교구는 색판 1(3원색),2(11색),3(63색),무지개 계열과 무광과 유광의 색지(90종)가 있고, 모양의 교구로는 6개의 기하서랍과 카드, 구성 삼각형과 육각형의 대.소, 3개의 식물의 서랍, 기하도형 겹치기(3원색의 기본도형 각 10개씩 모두 90개의 도형), 피타고라스 카드 대.소가 있다
(분홍탑, 빨간 막대, 꼭지원기둥, 잎의 서랍, 색 원기둥 , 기하도형 겹치기, 갈색계단변형, 입방상자 3항식, 피타고라스카드, 기하서랍, 구성삼각형B , 색판3(63색 ,명암), 색 원기둥 공통점 찾기)

촉각 : 촉각의 교구는 촉각, 통각, 중량감각, 입체식별, 온도감각 등으로 구분한다. **촉각교구로는** 촉각 판 1.2.3. 천 맞추기3가지(식물의 소재, 동물의 소재, 인간에 의한 화학 소재) 상자, 촉각 판 퍼즐 등이다 통각**의 교구로는** 꼭지 누름 원기둥이 있고, **중량감각에 대한 교구로는** 중량 판(5gram씩 차이가 있는 나무판 3가지)과 수 저울이 있으며, **입체식별 교구로는** 곡물의 분류, 비밀주머니 5종류(모양이 같고 소재가 다른 것, 소재는 같고 모양이 다른 것, 모양과 소재가 다른 것, 모양 같고 소재가 다른 것 1쌍, 소재가 같고 모양이 다른 것 1쌍), 9개의 기하입체가 있는 바구니와 도형카드, 명칭카드, 기하 입체의 집합 표로 되어 있고, **온도 감각의 교구는** 온각 (스텐의 둥근 우유통 모양에 5도씩 차이가 나는 물이 5개의 세트에 들어있음)과 온도 감각 판 (재질이 다른 조각 알루미늄, 나무, 타일, 카펫)이 있다 (중량감각, 천 맞추기, 기하입체(집합), 기하입체바구니, 도형 짝짓기)

청각 : 청 감각을 발달시키는 교구로는 크고 작은 소리나 가늘고 굵은 소리, 많고, 적은 소리. 부드럽고 거친 소리를 들을 수 있는 모래가 든 원통 6쌍의 잡음 통 상자와 음감 벨 (반음씩 차이가 나는 스텐 소재의 금속으로 되어 있는 1옥타브의 벨 2세트, 하나는 각각의 벨이 피아노 건반과 같은 색으로 되어 있고, 나머지는 원목의 색으로 모두 모양이 같아 소리를 구분하도록 청각을 고립시킨 교구) 음표카드, 음의 높낮이구별 , 오선의 구별 악보대로 음표 놓기 등)

미각 : 미각을 발달시키는 교구로는 5가지의 맛을 자극할 수 있도록 스포이드 용기에 5개의 맛을 느낄 수 있는 오렌지 쥬스, 설탕물, 소금물, 후추 물, 육무초 다린 물 등이 들어있는 미각병 1세트 등이다

후각 : 후각을 발달 시키는 교구로는 뚜껑에 구멍이 있는 용기를 사용 해 여러 가지 냄새를 스폰지에 묻혀 담아있는 후각병 1세트가 있다.

권 명 자
http://www.k-montessori.co.kr

< 차 례 >

감 각 (3-6세)

I. 시각(Visual Sense)

1. 크기의 변별(Discrimination of Dimension)

활동(1) 꼭지 원기둥(Knobbed Cylinders) ·· 1
활동(2) 분홍탑(Pink Tower) ··· 3
활동(3) 갈색 계단(Brown Stairs) ·· 5
활동(4) 빨간 막대(Red Rods) ··· 7
활동(5) 색 원기둥(Knobless Cylinders) ·· 9

2. 색깔의 변별(Discrimination of Clolr)

활동(6) 색판 상자 I, II(Color Box) ··· 11
활동(7) 색판 상자 III(Color Box) ·· 13

3. 모양의 변별(Discrimination of Form)

활동(8) 기하 입체(Geomitric Solids) ·· 15
활동(9) 받침판(Base) ··· 17
활동(10) 기하 도형 서랍(Geometric Cabinets) ·· 19
활동(11) 기하 도형 카드(Geometric Cards) ·· 21
활동(12) 구성 삼각형 상자들(제1상자, Blue Triangles) ··· 23
활동(13) 구성 삼각형 상자들(제2상자, Rectangle Box) ··· 25
활동(14) 구성 삼각형 상자들(제3상자, Triangle Box) ··· 27
활동(15) 구성 삼각형 상자들(제4상자, Large Hexagon Box) ······························· 29
활동(16) 구성 삼각형 상자들(제5상자, Small Hexagon Box) ······························· 31
활동(17) 정육면체상자들(일항식 상자, Monomial Cube) ······································ 33
활동(18) 정육면체상자들(이항식 상자, Binomial Cube) ·· 35
활동(19) 정육면체상자들(삼항식 상자, Trinomal Cube) ·· 37

II. 촉각(Tractile Sense, Touch)

1. 사물표현(Surface)
활동(20) 촉각판(Touch Boards) ·· 39
활동(21) 촉각판 짝 맞추기(Touch Tablet) ··· 41
활동(22) 옷감 짝 맞추기(Fabrics Matching) ·· 43

2. 온도감각(Temperatures)
활동(23) 온각병(Thermic Bottles) ·· 45
활동(24) 온각판(Thermic Tablets) ·· 47

3. 압각(Pressure)
활동(25) 무게 변별판(Baric Tablets) ··· 49

4. 실체인식감각(Stereognosis)
활동(26) 수수께끼 주머니(Mystery Bag) ·· 51

III. 청각(Auditory Sense)

1. 음의 강함(Sounds)
활동(27) 소리 상자(Sound Cylinders) ·· 53
활동(28) 소리 주머니(Sound Bag) ·· 55

2. 음의 고저(Musical Tones)
활동(29) 음계종(bells) ·· 57

IV. 후각(Olfactory Sense, Smell)
활동(30) 후각 병(Smelling Bottles) ··· 59

V. 미각(Gustatory Sense, Taste)
활동(31) 미각 병(Tasting Bottles) ·· 61

Ⅰ. 시각
1. 크기의 변별
활동 (1)

주 제	꼭지 원기둥 (Knobbed Cylinders)	대상연령	만 2.5세 이상
교 구	자연 색 목재의 꼭지 원기둥과 원기둥에 맞는 구멍 뚫린 나무 4가지 종류 원기둥1 : 높이 동일, 굵기 변화 (직경5.5, 5, 4.5, 4, 3.5cm 굵다/가늘다) 원기둥2 : 직경동일, 높이변화 (높이5.5, 5, 4.5, 4, 3.5, 3, 2.5cm 높다/낮다) 원기둥3 : 직경과 높이의 반비례 (굵고 낮다/가늘고 높다) 원기둥4 : 직경과 높이의 동시변화 (굵고 낮다/가늘고 높다)		
목 적	직 접	짝짓기와 등급화를 통한 크기의 구별과 시각의 정련 1 : 1 대응의 개념 발달	
	간 접	쓰기 연습의 준비, 10진법의 준비 예민한 관찰력, 주의 집중력	
선행학습	일상 생활 연습 (예 : 물건 나르는 연습, 의자 빼고 집어넣기 등)		
언 어	꼭지 원기둥, 엄지, 검지, 중지, 굵다/가늘다, 높다/낮다, 굵고 낮다/가늘고 높다/굵고 높다, 가늘고 낮다. 보다 굵다, 가장 굵다		
교구 제시			

활동과정 (상호작용)	• 꼭지 원기둥을 소개한다. • 원기둥 잡기 : 엄지는 자기 앞쪽을 향하게 하고 나머지 손가락은 위쪽을 향한다. • 팔은 겨드랑이에 붙이고 수평으로 돌고 이동하며 왼쪽에 놓이게 한다. • 피사의 위치 : 아동의 지배적 위치(오른쪽)에 앉기 (왼손잡이는 그 반대) • 오른쪽 엄지 검지 중지를 사용하여 꼭지를 잡기 • 원기둥 틀에서 왼쪽부터 꺼내 틀과 같은 구멍 앞에 꺼내 놓기 • 왼손으로 원기둥을 뒤집어 들고 오른손의 검지와 중지를 사용하여 먼저 틀 구멍의 크기대로 시계 반대 방향으로 그려준다.(들고 있는 것도 같은 방법) • 언어제시 : 기본 3단계 제시법으로 아동이 충분히 활동하여 자신감을 갖게 된 후 원기둥을 다 꺼내 놓은 후, 등급화 시킨 후 양 끝 단의 원기둥 2개를 앞으로 내놓고 언어를 준다 제1단계 사물의 명칭 연결(이것은 굵다, 가늘다) 제2단계 사물의 명칭확인(가는 것을 보여줄래~ 놓아볼래? 　　　　굵은 것을 ~(오른쪽) 어디에 놓아 보겠니 ~는 어디에 있지? 굵은 것은 어느 것이지?) 제3단계 사물과 명칭의 재생, 구체물의 이름을 기억할 수 있나 확인 (이것은 무엇이지? 이것은 가장 굵은 원기둥입니다.)	
흥미점	• 원기둥의 꼭지를 세 손가락으로 잡는 활동이 연필 잡는 연습이 된다. • 각 원기둥의 크기에 따라 구멍이 꼭 맞는 것. • 각기 다른 크기의 원기둥을 보는 것.	
실수정정	• 틀 자체, 시각의 부조화 • 구멍이 헐겁거나 원기둥 하나가 남게 되는 것.	
변형확대 및 응용	• 원기둥은 순서 없이 꺼내어 나열해 놓고 임의의 구멍을 지시하고 그것에 맞는것을 찾게 한다. • 틀 없이 원기둥을 등급화 시킨 상태에서 아동이 눈을 감는 동안 2개의 위치를 바꾼 다음 어느 것과 어느 것이 바뀌었는지 물어본다.	**지도상의 유의점** • 틀과 원기둥에 덧그리기(trace)를 할 때는 쓰기를 생각하여 알파벳C(G)자 모양으로 하도록 한다. • 원기둥의 직경과 높이의 변화에 흥미를 가지도록 유도한다. **관찰 (아동평가)** • 짝짓기와 등급화를 통한 크기 구별과 시각의 정련 • 1:1 대응의 개념을 이해하고있는가?

활동(2)

주 제	분 홍 탑 (Pink Tower)		대상연령	만 2.5세 이상
교 구	각 변의 길이가 10cm에서 1cm씩 감소하는 10개의 분홍색 나무로 된 정육 면체(10×10×10=1000㎤부터 1×1×1=1㎤ 까지) 깔판			
목 적	직 접	등급화를 통한 크기의 구별과 시각의 정련		
	간 접	10진법의 준비, 예민한 관찰력, 논리적 사고력, 주의 집중력, 눈과 손의 협응능력.		
선행학습	꼭지 원기둥, 깔판 펴고 까는 법			
언 어	크다. 작다. 분홍 탑			
교구 제시				

활동과정
(상호작용)
	• 아동에게 분홍 탑을 소개한다.
	• 대근육을 사용할 수 있게 교구장과 적당한 간격을 두고 깔판 깐다.
	• 왼손은 밑으로, 오른손은 위에 포개어(지배적인 손이 위로 갈 것) 가장 작은 정육면체부터 한 개씩 깔판의 오른편에 갖다 나른다.
	• 순서 없이 늘어 놓는다.(교사의 위치는 아동의 오른쪽)
	• 교구를 유심히 살펴보면서 가장 큰 것을 찾는 모습을 보여준다.
	• 가장 큰 것부터 두 손으로 들어 정육면체의 중심에 차례로 쌓는다.
	• 아래에서 위로 탑을 쓸어 준다.
	• 다 쌓은 후 옆에서, 위에서, 일어나 주위를 돌며 쌓은 탑을 살펴본다.
	• 가장 작은 것부터 차례로 두 손으로 집어 오른쪽 바닥에 놓는다.
	• 아동에게 활동 기회 제공.
	• 언어제시
	  1단계 : 사물과 명칭의 연결(이것은 분홍탑이다. 이것은 크다. 이것은 작다)
	  2단계 : 사물의 명칭 확인(작은 것은 어디 있지?, ~보여줄래?, ~놓아 볼래?, 큰 것은 어느 것이니? 등)
	  3단계 : 사물과 명칭의 재생(이것은 무엇이지?)

흥미점	• 정육면체를 쌓아 올리는 것 • 보는 위치에 따라 다른 모양으로 보이는 것 • 크기와 무게가 다른 것을 느끼는 것 • 쓰다듬어 보는 것 • 탑의 조화를 보는 것 • 분홍 탑의 색깔을 보는 것
실수정정	시각의 부조화

변형확대 및 응용	• 눈을 가리고 순서대로 놓여진 분홍탑중 하나를 교사가 임의로 하나 빼내고 빠진 분홍탑의 자리를 맞추게 한다. • 나란히 수평으로 등급화 시켜 늘어 놓는다. • 다이아몬드 모양으로 등급화 시켜 본다. • 가장 큰 것과 가장 작은 것은 짝지어 등급화 시킨다. • 원을 만들어 가며 놓는다. • 한 단면을 그린 카드 위에 정육면체를 하나씩 놓려 놓기(1:1 짝짓기) • Missing Game	**지도상의 유의점** 교구를 나를 때 양손의 위치에 유의하고 각 정육면체를 나르는 동안 크기, 무게를 은연중에 느낄 수 있게 한다. **관찰 (아동평가)** 등급화를 통한 크기의 구별이 가능한가?

활동(3)

주 제	갈색 계단 (Brown Stairs)	대상연령	만 2.5세 이상
교 구	• 갈색으로 된 10개의 목재를 직육면체로 길이는 똑같이 20cm이고 단면은 $100cm^2$ ($10cm \times 10cm$)부터 $1cm^2$($1cm \times 1cm$)까지 있으며 분홍탑의 측면과 일치한다. • 깔판		
목 적	직 접	등급화를 통한 시각의 정련	
	간 접	• 10진법의 준비, 손과 눈의 협응력과 관찰력을 기른다. • 논리적 사고력과 주의 집중력을 기른다.	
선행학습	분홍탑		
언 어	갈색계단, 굵다, 가늘다, 직육면체 이것은 이것보다 더 (넓다, 좁다, 높다 등)		
교구 제시			

활동과정 (상호작용)	• 아동에게 갈색계단이 감각영역에 위치하고 있음을 보여준다. 　(갈색계단의 명칭제시) • 제일 가는 직육면체부터 선반위에서 꺼내 지배적인 손이 위로 오게하고 비지배적인 손이 아래로 가도록 하여 두 손으로 들고 깔판의 오른편에 흩어 놓는다. • 교사는 아동의 지배적 위치인 아동의 오른쪽에 앉는다. • 가장 넓은 것을 찾는 모습을 보여준다. • 흩어 놓은 것 중 가장 넓은 것부터 왼쪽 깔판 끝에 맞추어 차례로 수직으로 놓아 등급화 시킨다. 매번 양면을 가지런히 매만진다. • 상하좌우 측면 관찰하기 • 두 손으로 위에서 아래로 가볍게 쓸어 내린다 　(일정한 크기의 차이를 느낀다) • 가장 좁은 직육면체로 이웃한 직육면체의 차이를 잰다. • 아동에게 활동기회를 준다. • 작업이 끝난 후에는 넓은 것부터 옮겨 처음과 같이 선반 위에 원상 복귀한다.	
흥미점	언어제시 • 1단계 : 사물과 명칭의 연결(이것은 굵다/이것은 가늘다) • 2단계 : 사물의 명칭 확인 (~것은 어느 것이니?,~보여줄래?, 　　　　　~놓아볼래? 등) • 3단계 : 사물과 명칭의 재생(이것은 무엇이지?)	
실수정정	두 손으로 상하로 쓸어 내리다 실수로 분홍 탑을 쓰러 뜨렸을 경우에 다시 쌓게 한다.	
변형확대 및 응용	• 수직으로 한 번 맞추어 쌓아 본다. • 분홍 탑을 갈색계단과 나란히 쌓아본다. (수평으로 해 본다.) • Missing Game : 눈가리개를 하고 순서가 빠진 곳을 지적하기. • 깔판을 따로 떨어뜨려 놓고 "~보다 더 넓은 것을 찾아오세요." 등 비교급을 사용하여 기억놀이를 한다.	지도상의 유의점 교구를 나르는 방법에 유의하여 지도한다. 관찰 (아동평가) 등급화를 통한 시각의 정련과 관찰력 집중력이 있는가?

활동(4)

주 제	빨간 막대 (Red Rods)	대상연령	만3세 이상
교 구	· 단면이 25cm×25cm, 길이가 100cm에서 10cm씩 감소하는 10개의 빨간 막대 · 매트2개		
목 적	직 접	등급화를 통한 크기의 구별과 시각의 정련	
	간 접	관찰력, 주의 집중력, 십진법의 준비, 눈과 손의 협응력	
선행학습	꼭지 원기둥, 분홍 탑, 갈색계단		
언 어	길다, 짧다, 빨간 막대, 보다 짧다, 보다 길다, 가장 길다, 가장 짧다.		
교구제시			

활동과정 (상호작용)	• 아동 초대 • 교사는 아동의 지배적인 위치(오른쪽)에 앉는다. • 매트를 2장 준비한 후 빨간 막대를 소개한다. • 가장 작은 것부터 양손으로 막대의 양쪽 끝을 감싸 쥐듯이 잡아 깔판의 오른쪽에 겹치지 않게 갖다 놓는다. • 매트 위에 놓여진 빨간 막대를 살펴본다. • 가장 긴 막대를 두 손으로 잡아 다른 막대와 길이를 서로 비교해 보면서 깔판 왼쪽에 놓는다. • 순서대로 막대의 왼쪽 끝을 맞추어 위에서 아래로 등급화 시켜 늘어 놓는다. • 놓여진 막대의 왼쪽 끝을 손으로 만져본다. • 아동에게 할 수 있는 기회를 준다.	
흥미점	• 나르면서 길이가 길어지는 것을 느끼는 것. • 가장 짧은 막대로 길이의 차를 재어보는 것.	
실수정정	• 시각적 부조화 • 가장 짧은 막대로 서로 이웃한 막대 길이의 차이를 재는 것.	
변형 확대 및 응용	• 빨간 막대를 늘어놓고 선 따라 걷기 • 교실에 있는 물건의 길이 재어 오기 • 가장 긴 막대를 기준으로 같은 길이로 만들어 보기. • 하나 더 긴 막대 또는 더 짧은 막대 찾아오기 • 피라미드로 쌓는다. • 한쪽 끝을 맞추어 쌓는다. • 미로모양, 방사선 모양, 지그재그 모양, 햇살 모양, 'ㄱ'자 모양, 그래프 모양 장미꽃, 일자형으로 만든다.	**지도상의 유의점** • 수 교육(수막대)의 준비교구이므로 막대두개로 같은 길이를 만들어 보는 활동을 하도록 한다. • 막대 하나를 주고 교실에서 같은 길이의 물체를 찾아오는 활동을 시킨다. **관찰 (아동평가)** 등급화를 통한 크기의 구별과 시각의 정련을 할 수 있는가?

활동(5)

주 제	색 원기둥 (Knobless cylinders)	대상연령	만3세이상
교 구	제1상자 빨간 상자 (Red Box)　　제3상자 초록 상자 (Green Box) 제2상자 파랑 상자 (Blue Box)　　제4상자 노랑 상자 (Yellow Box)		
목 적	직 접	등급화의 인식과 구별을 통한 감각의 정련	
	간 접	감각·십진법의 준비	
선행학습	꼭지 원기둥		
언 어	빨강, 파랑, 초록, 노랑, 색 원 기둥, 굵다, 가늘다, 높다, 낮다, 굵고 낮다, 가늘고 높다, 굵고 높다, 가늘고 낮다. 언어는 이미 꼭지 원기둥에서 제시한 상태로 필요한 경우에만 제시한다.		
교 구 제 시			

활동과정 (상호작용)	• 아동을 초대하고 교사는 아동의 오른쪽에 앉는다. • 꼭지 없는 원기둥을 소개한다. • 상자를 나르는 방법을 소개한다. • 엄지는 위로 가고 나머지 네 손가락은 아래로 하여 상자를 두 손으로 감싸고 팔꿈치는 몸에 붙인 채 가져간다. • 책상 오른쪽 위에 놓는다. • 뚜껑을 열어 상자의 밑에 놓는다. • 오른손 엄지, 검지, 중지를 사용하여 색 원기둥을 상자의 앞쪽에 꺼내 놓기 • 다 꺼낸 후 상자가 비어 있는지 살펴본다. • 꺼낸 색원기둥의 모양을 살펴본다. • 색 원 기둥으로 탑을 쌓아본다. 제1상자(빨간색) 높이는 같으므로 가장 굵은 것에서 가장 가는 것까지 왼쪽에서 오른쪽으로 늘어 놓는다. 제2상자(파란색) 직경은 같으므로 높은 것에서 낮은 순서로 늘어 놓는다. 제3상자(초록색) 굵고 낮은 것부터 가늘고 높은 순서로 늘어 놓는다. 제4상자(노란색) 굵고 높은 것부터 가늘고 낮은 것의 순으로 늘어놓는다.	
흥미점	• 아름다운 색상을 보고 느끼는 것. • 크기가 다른 원기둥 보는 것 • 원기둥의 쌓아진 모양이 다른 것을 보는 것 • 무게의 차이를 느끼는 것.	
실수정정	시각적 부조화	
변형 확대 및 응 용	• 수직으로 쌓는다. • 둥근 모양, 하트 모양 등 여러 모양으로 등급화 한다. • 꼭지 원기둥과 결합한다. • 4가지 상자를 전부 꺼내어 굵기와 높이가 모두 똑같은 원기둥을 찾는다. 5쌍 • 같은 높이의 것끼리 짝 맞추기 한다. • 파랑 색 원기둥 - 가장 긴 것과 가장 짧은 것을 결합한다.	**지도상의 유의점** 색 원기둥은 꼭지 원기둥과 변화의 성질이 같음에 유의한다. · 제1상자 = 꼭지 원기둥 1 · 제2상자 = 꼭지 원기둥 2 · 제3상자 = 꼭지 원기둥 3 · 제4상자 = 꼭지 원기둥 4 **관 찰 (아 동 평 가)** 크기, 색깔이 다른 원기둥의 변별이 가능한가?

2. 색깔의 변별
활동(6)

주 제	색판 상자 Ⅰ,Ⅱ (Color Box Ⅰ,Ⅱ)	대상연령	만3세 이상
교 구	색판 상자 1 - 빨강·파랑·노랑 삼원색이 각 2장씩 총 6장. 색판 상자 2 - 빨강·노랑·주황·초록·보라·분홍·갈색이 각 2장씩 총 16장		
목 적	직접	짝짓기를 통한 색깔의 인식과 구별, 시각의 정련 능력을 기른다.	
	간접	세상엔 여러 가지 색깔이 존재함을 안다.	
선행학습	기초적인 일상 연습		
언 어	빨강·파랑·노랑·주황·초록·보라·분홍·갈색·검정·흰색·회색		
교구제시			

활동과정 (상호작용)	• 아동을 초대하고 교사는 아동의 오른쪽에 앉는다. • 색판 상자를 소개하고 위치를 가르쳐 준다. • 두 손으로 상자를 들고 책상 또는 깔판 위로 가져가 오른쪽 위에 놓는다. • 색판상자의 색깔을 감상한다. • 색감의 느낌이나 입은 옷과의 연결을 지어본다. • 사물과 색깔을 연결 지어 본다.(산, 바다, 하늘...) • 뚜껑은 열어서 상자 밑에 놓는다. • 왼손으로 상자를 잡는다. • 오른손 엄지, 검지를 사용하여 색판 끝 흰 부분을 잡는다. • 상자 앞에 겹치지 않게 꺼내 놓는다. • 빨간색을 왼쪽에 세로로 놓고 똑같은 색을 찾아 옆에 놓는다. • 파란색과 노란색도 같은 방법으로 한다. • 아동에게 할 수 있는 기회를 준다. • 색판상자 Ⅱ도 Ⅰ과 같은 방법으로 제시한다.
흥미점	동일한 색깔을 맞추는 것 색깔 자체 색판의 모서리인 흰색 부분만 잡는 것
실수정정	교사와 아동의 시각 색깔을 잘못 맞추었을 때 색판에 지문이 묻었을 때

| 변형 확대
및
응용 | • 좋아하는 색깔 순대로 늘어놓기
• 반대 색깔로 늘어놓기
• 기억놀이 : 같은 색 나열 후 하나를 뺀 후 어디에 놓을까? 지시
• 언어카드를 사용한다.
• 색판을 모두 나누어 준 후 색깔의 이름을 부르면 색판을 하나씩 가져와 짝 맞추기를 하거나 선 따라 걷기를 한다. | **관찰(아동평가)**
• 색판의 크기
• 색판을 잡은 방법은 오른손의 엄지와 검지를 이용하여 밑줄 친 부분을 잡도록 지도한다.
3.5cm / 1cm / 5cm

지도상의 유의점
짝짓기를 통한 색깔에 대하여 관심을 가지는가? |

활동(7)

주 제	색판상자 Ⅲ (Color Box Ⅲ)		대상연령	만3세 이상
교 구	빨강·파랑·노랑·주황·초록·보라·분홍·갈색·회색의 9색이 각 각 7단계의 명도 차이가 있는 색판 63장, 깔판2장			
목 적	직 접	색깔 등급의 구별과 인식을 통한 시각의 정련.		
	간 접	학습의 준비능력을 기른다.		
선행학습	색판 상자 Ⅰ,Ⅱ			
언 어	어둡다/밝다.진하다/옅다.빨강·파랑·노랑·주황·초록·보라· 분홍·갈색·검정·흰색·회색			
교 구 제 시				

활동과정
(상호작용)
	• 아동을 초대하고 색판 상자를 소개한다.
	• 깔판을 아동이 준비하게 하고 상자 나르는 법을 알려준다.
	• 깔판이나 책상 위에 책상용 깔판을 깔고 두 손으로 상자를 들고 깔판의 오른쪽 위에 놓는다.
	• 뚜껑을 열어 색을 한 가지 선택하여 그 칸에 들어 있는 7개의 색판을 모두 꺼낸다.
	• 오른손 엄지, 검지를 사용하여 색판 끝 흰 부분을 잡는다.
	• 7장의 색판을 꺼내 상자 앞에 겹치지 않게 놓는다.
	• 빈 상자는 뚜껑을 닫아둔다.
	• 깔판의 왼쪽에 가장 어두운 색판부터 점차 밝은 색판으로 7단계 명도를 색판을 +자 형으로 교차 제시하면서 비교하여 등급화를 시킨다.
	• 아동활동의 기회 제공.
	   언어제시
	  1단계 : 비교급 또는 최상급을 이용한다.
	     ~보다 어둡다, ~보다 밝다, 가장 어두운 파란색, 가장 밝은 파란색.
	  2단계 : ~보다 어두운 색을 보여 주겠니?
	     가장 어두운 색을 보여 주겠니?
	  3단계 : 이것은 무엇이지? 이것은 어떠하니?

흥미점	• 어두운 것에서 밝은 것으로 명도의 등급화를 시키는 것. • 색판의 흰 테두리를 잡는 것. • 색깔자체
실수정정	• 명도 차이 • 아동과 교사의 시각 • 색판에 지문이 묻었을 때

변형 확대 및 응용	• 원형이나 소용돌이 모양으로 등급화 시킨다. • 언어카드(진하다, 밝다)를 사용한다. • 비교급 언어를 활용하여 설명한다.	지도상의 유의점
		색판상자 III는 각각 색깔의 명도 차가 확실히 드러나야 한다.
		관찰(아동평가)
		색깔의 다양함을 알고 등급화가 가능한가?

3. 모양의 변별
활동(8)

주 제	기하입체 (Geometric Solids)	대상연령	만3세 이상
교 구	파란색의 기하입체, 구체, 원기둥, 직육면체, 삼각기둥, 정육면체, 삼각뿔, 사각뿔, 원뿔, 계란형체, 타원형체의 10개의 입체. (각 모양마다 반드시 1개가 있다.)		
목 적	직 접	형태의 구별과 인식을 통한 시각을 정련한다.	
	간 접	기하학의 준비를 위한 예비 지식을 쌓는다.	
선행학습	기초적인 감각 활동		
언 어	기하입체, 구체, 원기둥, 원뿔, 직육면체, 사각뿔, 정육면체, 타원형체, 계란 형체, 삼각기둥, 바구니, 헝겊		
교 구 제 시	cube / rectangular prism / triangular prism / cylinder square base pyramid / cone / sphere		

활동과정 (상호작용)	**제시 1** • 아동을 초대하고 기하 입체를 소개한다. • 기하 입체의 색깔과 같은 헝겊이나 뚜껑으로 덮여진 기하 입체 바구니를 깔판의 오른쪽에 놓는다. • 바구니에 헝겊을 덮은 채로 손을 넣어 한 개의 기하 입체를 꺼낸다. • 오른손으로 기하입체를 잡고 왼손으로 받친다. • 여러 가지의 기하 입체를 만져보고 깔판 위에 굴려본다. • 아동에게 건네주어 충분히 만져보고 있을 때 기하입체의 명칭을 알려준다. • 다른 기하입체 2개도 같은 방법으로 제시한다. • 3단계 교수법에 의해 명칭을 소개한다. **제시 2** • 기하입체 도형 살펴보기(특징을 이야기하기) • 기하입체 도형을 기하입체 도형 판에 정확히 짝지어 놓아보기	
흥미점	• 기하 입체의 색깔과 모양이 각기 다름을 보는 것. • 기하 입체를 만져보는 것, 굴려보는 것, 쌓아 보는 것.	
실수정정	• 기하 입체가 각 모양마다 한 개씩만 있다. • 아동과 교사의 시각과 촉각.	
변형 확대 및 응용	• 눈가리개 사용하고 기하입체 찾기, 기억놀이. • 아동이 바구니에 손을 넣고 교사의 지시대로 기하입체 꺼내기. • 구르는 것과 구르지 않는 것 분류하기. • 세울 수 있는 것과 없는 것 분류하기. • 옆면이 같은 모양의 기하 입체끼리 붙여보기. • 종이 대고 단면을 그려보기	**지도상의 유의점** 형태를 구별하고 특징을 감지하는가? **관찰 (아동평가)** 기하입체의 겹쳐 쌓기, 측면 맞추기도 해 보도록 한다. · 직육면체 + 정육면체 · 직육면체 + 삼각기둥 · 정육면체 + 사각뿔 · 직육면체 + 사각뿔 · 직육면체 + 정육면체 + 사각뿔 · 원기둥 + 원뿔

활동(9)

활동주제	받 침 판 (Base)	대상연령	만3세 이상
교 구	갈색의 나무판 위에 파란 색깔로 그려진 11개의 도형이 들어있는 상자(원 모양 2개, 정사각형 3개, 직사각형 2개, 정삼각형 2개, 이등변 삼각형 2개)		
목 적	직 접	이차원적인 형태의 구별. 시각의 정련	
	간 접	기하학의 준비.	
선행학습	기하입체		
언 어	원, 정삼각형 정사각형, 직사각형, 이등변, 삼각형, 받침판		
교 구 제 시			

- 17 -

활동과정 (상호작용)	**제시 1** • 아동초대 및 받침판 소개 - 받침판 상자를 들고와 깔판의 오른쪽 위에 놓기 • 원, 정사각형, 정삼각형 모양의 받침판을 각1개씩 깔판위에 올려놓기 • 구체 물(원.정 사각형 등)을 가리키며 이것이~이란다 덧그려 보겠니? 하며 만져보게 한다. - 3단계 교수법에 따라 도형의 이름을 기억시킨다. **제시 2** • 기하입체제시 - 여러 가지 기하입체를 찾아 각각 받침판 위에 대보며 그 위에 놓는다. • 기하입체도형의 받침판을 제시하고 알맞은 모양의 기하입체를 찾아 맞춰 본다. • 투명판11개를 모두 깔판 위에 꺼내 놓는다.(오른손의 엄지 검지로 투명판을 잡는다.) • 받침 판의 모양이 같은 것끼리 짝을 지어 바닥에 놓는다. **제시 3** • 한 개의 받침 판과 한 개의 기하입체를 꺼낸다. • 제시된 기하입체의 받침판을 모두 찾아본다. • 기하 입체의 상하면에 들어가고 남은 받침판을 기하입체 옆면에 붙여본다.
흥미점	타원형체 계란형체는 면이 없어 특별한 받침을 쓴다는 점
실수정정	받침판의 모양이 같은 것끼리 짝을 짓지 않았을 때

변형 및 응용	• 바닥에 같은 모양의 기하입체 끼리 탑을 쌓아보기 • 환경 내에서 기하입체 도형과 같은 물건 찾아보기	**지도상의 유의점** 기하학의 준비로서 2차원적인 형태 (원, 정사각형, 직사각형, 정삼각형, 이등변 삼각형)에 관심을 갖도록 한다. **관찰(아동평가)** 기하학의 준비로서 이차원적인 형태 구별에 관심을 가지는가?

활동(10)

활동주제	기하도형 서랍 (Geonotric Cabinets)	대상연령	만3세 이상

교 구	기본제시 쟁반 : 기하도형 시범 판, 원, 정사각형, 정삼각형 도형과 나무 틀로 된 쟁반 제1서랍 : 직경이 10cm부터 1cm씩 줄어드는 원형 6개. 제2서랍 : 가로·세로 길이가 10cm인 정사각형 1개. 세로의 길이 10cm, 가로의 길이는 9cm에서 1cm씩 줄어드는 직사각형 5개. 제3서랍 : 정삼각형, 직각 이등변 삼각형, 직각 부 등변 삼각형, 둔각 이등변 삼각형, 둔각 부 등변 삼각형, 예각 이등변 삼각형 각 1개씩. 제4서랍 : 정다각형 6개(정오각형, 정육각형, 정 칠각형, 정팔각형, 정구각형, 정십각형) 제6서랍 : 불규칙한 사변형(마름모, 평행사변형, 둔각 사다리꼴, 부등각 사다리꼴.) 제7서랍 : 불규칙한 곡선형(타원형, 계란형, 곡선삼각형, 꽃 마름모꼴(사엽형)

목 적	직 접	형태의 구별과 인식을 통한 시각의 정련
	간 접	기하학의 준비. 평면 도형의 모양과 이름을 익힌다.

선행학습	기하입체

언 어	기하도형, 원, 삼각형, 사각형, 정삼각형, 정사각형, 직사각형, 직각 이등변 삼각형, 직각 부등변 삼각형, 둔각 이등변 삼각형, 둔각 부등변 삼각형, 예각 이등변 삼각형, 예각 부등면 삼각형, 정다각형, 정오각형, 정육각형, 정칠각형, 정팔각형, 정구각형, 정십각형, 마름모, 평행사변형, 둔각 사다리꼴, 부등각 사다리꼴, 타원형, 계란형 곡선삼각형, 꽃 마름모꼴(사엽형)

교 구 제 시	

활동과정
(상호작용)
	제시 1
	• 기하도형 서랍소개 - 깔판준비 - 두 손으로 기하도형 서랍을 가져와 깔판 중앙에 놓기(교사위치(右)) - 기본제시(쟁반의 명칭)
	  - 오른손 엄지 검지 중지로 도형의 꼭지를 잡고 꺼내어 틀 안에 빈칸에 놓는다.
	  - 도형의 꼭지를 왼손의 엄지 검지 중지로 잡아 뒤집기 (왼손의 도형둘레 덧 그리기)
	  - 같은 모양임을 확인하고 고개 끄덕이기 - 제자리 틀에 집어넣은 후 나머지 도형도 같은 방법으로 실시 - 아동 활동 기회 제공
	제시 2
	• 제6서랍
	• 기하도형 서랍 소개 - 깔판준비 -서랍을 반쯤 꺼내고 두 손으로 서랍의 양편을 잡아 빼내서 깔판 위에 깔기
	• 이것은 원이 들어있는 기하도형 서랍의 첫 번째 서랍이다.
	• 오른손 엄지 검지 중지를 이용하여 기하도형을 꺼내 서랍의 오른쪽에 크기대로 등급화 시켜 놓는다.
	• 왼쪽 세 손가락으로 도형의 꼭지를 잡아 뒤집는다 - 덧 그리기 작업
	  - 큰 크기대로 틀에 집어넣기 - 아동 활동기회 제공.	

흥미점	• 도형의 이름을 배우는 것. • 도형의 틀과 도형을 덧 그리는 것. • 틀에 맞추어 도형을 끼워 보는 것.	
실수정정	도형의 틀에 안 맞을 때	
변형 확대 및 응용	• 기억놀이 - 한 곳에 틀을 놓고 다른 한 곳에 도형을 놓은 후 교사가 제시하는 것과 똑같은 모양의 도형을 찾아오기. • 또는 하나 더 큰 원을 찾아오게 하는 등 비교급의 기억놀이. • 비교급 - 중간 크기의 도형을 제시하고 최대 최소의 도형을 꺼내어 비교해 보기. • 최상급	**지도상의 유의점** • 환경 내에서 제시한 기하도형과 작은 모양을 찾게 한다. • 기하도형 그린 것을 오려서 책을 만들어 보게 한다. **관찰 (아동평가)** 어린이 개인 능력에 따라 도형과 기하 교구의 명칭을 짝지을 수 있는가?

활동(11)

활동주제	기하도형 카드 (Geometric Cards)	대상연령	만3세 이상
교 구	기하도형 서랍장. 3종류의 카드 1조 : 빈틈없이 칠한 카드, 2조 : 굵은 선으로 칠한 카드 3조 : 가는 선으로 칠한 카드		
목 적	직 접	형태의 구별과 인식을 통한 시각의 정련 도형의 모양과 카드 모양의 대칭 구분능력	
	간 접	기하학의 준비	
선행학습	기하도형 서랍		
언 어	카드, 굵은 선/가는 선, 기하도형, 여러 가지 기하도형의 명칭		
교 구 제 시			

활동과정 (상호작용)	• 아동을 초대하고, 깔판을 2장 준비한다. • 기하도형 카드를 소개한다. • 기하도형 카드를 가져온다(교사위치右) • 기하도형 서랍을 깔판의 왼쪽 위에 놓는다. • 카드가 묶인 고무줄을 빼고 오른쪽 위에 놓는다. • 오른쪽에 카드를 성질에 따라 등급화 시켜 놓는다. • 오른손 엄지, 검지, 중지를 이용하여 기하도형의 꼭지를 잡아 꺼내 같은 모양의 카드 위에 놓는다. • 가장 큰 도형부터 순서대로 늘어놓는다. • 가장 큰 도형부터 틀에 집어넣는다. • 카드는 도형 크기의 순서대로 큰 것이 위로 가도록 정리한다.
흥 미 점	틀과 도형이 잘 맞을 때
실수정정	틀과 도형이 서로 맞지 않았을 때는 재 시도한다.

변형 확대 및 응 용	• 카드를 섞어서 한 더미로 만든다. • 카드 하나를 뒤집으면서 같은 모양의 기하도형을 찾아 카드 위에 올려 놓는다. • 기억놀이, 비교급(1,2 서랍의 경우) • 사각형 삼각형 무늬를 오려 연이어 놓고 연속의 변화 감지하기.	**지도상의 유의점** 기하도형 서랍 제시가 끝난후 바로 이어서 기하도형 카드를 제시해도 좋다. (기하도형서랍에서 도형을 끼워 넣는 연습이 다 된 아동을 불러 제시한다) **관 찰 (아 동 평 가)** 형태의 구별과 시각의 대칭 구분에 관심을 가지는가?

활동(12)

주 제	구성 삼각형 상자들(제1상자) 직사각형 상자 I (Rectangle Box)	대상연령	만3세 이상
교 구	• 1쌍의 직각 이등변 삼각형 (파랑) - 정사각형 1개의 직각 부등변 삼각형 (파랑)사다리꼴 • 1쌍의 직각 부등변 삼각형 (파랑) - 직사각형 1개의 둔각 부등변 삼각형 (파랑) • 1쌍의 정삼각형 (파랑) - 마름모		
목 적	직접	1쌍의 삼각형은 사각형이 된다 (정사각형, 직사각형)	
	간접	삼각형 구성에 따른 사각형의 생김새 관찰	
선행학습	기하도형 서랍		
언 어	정사각형, 정삼각형, 사다리꼴, 마름모는 기하도형 서랍에서 언어제시를 했으므로 필요한 경우에만 한다.		
교 구 제 시			

- 23 -

활동과정 (상호작용)	• 아동초대(교사위치 오른쪽) • 어린이가 깔판을 준비하게 한다. • 교구 선택(어린이가 가져오게 한다.) • 직사각형 상자 1을 깔판위로 옮겨와 깔판의 오른쪽에 상자를 놓는다. • 같은 모양별로 포개었다가 깔판 왼쪽에서 오른쪽으로 늘어놓는다. • 두 개의 삼각형을 맞대어 오른쪽의 삼각형이 시계 방향으로 미끄러져 나간다. (삼각형에 검은 줄이 그어져 있을 때 검은 줄끼리) • 중간에 다른 모양을 만들 때마다 잠시 멈추어서 만들어진 모양을 본다. • 정사각형, 직사각형, 마름모, 사다리꼴등 다양한 모양을 생각해서 만든다. • 도형 이름을 다시 확인한다. • 아동에게 활동 기회를 제공.
흥미점	• 같은 모양의 삼각형이 합쳐졌을 때 사각형이 되는 것을 본다. • 왼손의 삼각형은 고정시키고 오른쪽의 삼각형만 변에 맞추어 가며 새로운 모양을 만들어 가는 것.
실수정정	삼각형의 검은선을 무시했을 때 도형 구성이 어렵게 되는 점

변형 확대 및 응 용	• 삼각형으로 구성할 수 있는 다양한 도형을 구상한다. • 사각형 삼각형의 무늬 연속의 변화를 즐긴다. • 크고 작은 삼각형 사각형의 색종이 오려 구성하기	**지도상의 유의점** 검은선을 맞추어서 사각형을 만들 때 처음에는 검은색 선이 세로로 오게 해서 맞추고 완성된 사각형을 안정된 모양으로 방향을 바꾼다. 익숙해지면 자유롭게 하도록 한다. **관찰(아동평가)** 한 쌍의 삼각형이 모여 사각형이 이루어짐을 이해하는가? (정사각형, 직사각형)

활동(13)

활동주제	구성 삼각형 상자들 (제2상자) 직사각형 II (Rectangle Box)	대상연령	만3세 이상
교 구	직각 1쌍의 부등변, 이등변 삼각형 1쌍의 직각 이등변 부등변 삼각형, 정삼각형, 직각 부등변 삼각형, 둔각 부등변 삼각형		
목 적	직접	직사각형 정사각형 평행사변형 마름모 사다리꼴 구성으로 인한 도형을 이해한다	
	간접	구성능력 인식 능력의 향상	
선행학습	구성능력 인식		
언 어	직사각형, 정사각형, 마름모, 평행사변형, 사다리꼴, 정삼각형, 직각 삼각형, 이등변 삼각형		
교 구 제 시			
비 고	• 1쌍의 직각 부등변 삼각형(흰색)-직사각형 1쌍의 직각 부등변 삼각형 (초록)-평행사변형 • 1쌍의 직각 이등변 삼각형(초록)-정사각형 1쌍의 정삼각형 (노랑)- 마름모 • 1쌍의 직각 이등변 삼각형(노랑) - 평행사변형 1쌍의 직각 부등변 삼각형 (빨강)— • 1쌍의 직각 부등변 삼각형(노랑) - 평행사변형 1쌍의 직각 부등변 삼각형 (빨강)— 사다리꼴		

활동과정 (상호작용)	• 아동초대 • 깔판 깔기 • 직사각형 상자 2를 깔판위로 옮겨와 깔판의 오른쪽에 상자를 놓는다. • 상자 1에서와 같이 상자 속의 삼각형을 깔판 위에 꺼내놓고 같은 모양의 삼각형을 찾아 나란히 놓는다. • 검은 선끼리 맞추어 모양을 만들어 왼쪽에서 오른쪽으로 늘어 놓는다. • 검은 선을 맞출 때는 검은 선이 일직선이 되게 한 상태에서 검은 선이 있는 면을 오른손의 검지와 중지로 양쪽 다 더듬어 본 후에 맞춘다. • 작업이 끝나면 첫 번째 모양이 맨 위로 올라가도록 오른쪽의 도형부터 상자에 넣는다.
흥미점	• 검은 선을 서로 맞추기. • 여러 가지 삼각형으로 여러 모양의 사각형의 모양을 만들어 가는 것.
실수정정	• 검은 선끼리 맞추지 못할 때 검은 선에 대한 인식 주기.

변형 확대 및 응용	• 크고 작은 사각형, 사변형, 마름모꼴, 사다리꼴로 구성해 본다. • 8장의 파란색 삼각형으로 제1상자와 같은 7가지의 사각형을 만들도록 한다. · 직각이등변 삼각형 2장 → 정사각형과 평행사변형 · 직각 부등변 삼각형 2장 → 직사각형과 평행사변형 2개 · 정삼각형 2장 → 마름모꼴	**지도상의 유의점** 작업이 순조롭게 이루어지고 있는가? **관찰 (아동평가)** 어린이 개인의 이해능력에 따라 조금씩 천천히 활용하게 한다.

활동(14)

활동주제	구성 삼각형 상자들(제3상자) 삼각형 상자 (Trangle Box)	대상연령	만3세 이상
교 구	1쌍의 초록 직각 부등변 삼각형 (한 변 흑선) - 정삼각형 3장의 노란 둔각 이등변 삼각형 (두 변 흑선) - 정삼각형 4장의 빨간 정삼각형 (S) (3변 흑선) - 1장 - 정삼각형 　　　　　　　　　　　(1변 흑선) - 3장 - 정삼각형		
목 적	직 접	정삼각형의 구성 조직력 신장	
	간 접	삼각형 구성 능력 향상	
선행학습	기하도형 서랍		
언　어	정삼각형, 직각삼각형, 이등변 삼각형.		
교 구 제 시			

활동과정
(상호작용)
	• 깔판 위에 삼각형 상자를 옮겨 놓고 상자의 제일 위에 있는 회색 정삼각형을 들어내어 깔판 왼쪽에 놓기
	• 다른 삼각형들을 꺼내 놓고 같은 색깔, 모양, 같은 크기에 따라 분류해 놓기
	• 다른 삼각형들로 회색 삼각형과 같은 크기의 삼각형을 구성해 본다.
	   1장의 회색 정삼각형 - 정삼각형
	   2장의 초록 직각 부등변 삼각형 - 정삼각형
	   3장의 노랑 둔각 이등변 삼각형 - 정삼각형
	   4장의 빨간 정삼각형 (S) - 정삼각형
	• 위와 같이 만든 삼각형 위에 회색 삼각형을 포개어 똑같음을 확인한다.
	• 작업이 끝난 후 처음대로 상자에 넣을 때 같은 크기임을 다시 한번 확인한다.
	• 회색 정삼각형이 맨 위에 놓인다. - 이제 4차례다.

흥 미 점	• 검은 선 맞추기 • 회색 삼각형과 크기 비교 <손가락으로 도형 그려보기(trace)> • 도형의 겹침
실수정정	검정 색끼리 마주 보지 못할 때

변형 확대 및 응 용	• 제3상자로 만든 정삼각형 4개를 짜 맞추어 평행 사변형이나 큰 정삼각형을 구성해 본다. • 각 상자의 삼각형 조각으로 여러 가지 무늬를 구성해 본다.	**지도상의 유의점** 완성된 삼각형 위에 회색의 정삼각형을 포개서 보여주도록 한다. · 직각 부등변 삼각형 2장 · 둔각 이등변 삼각형 3장 · 정삼각형 4장은 모두 회색의 큰 정삼각형과 같다. **관찰 (아동평가)** 여러 가지모양의 삼각형이 있음을 인지하는가?

활동(15)

활동주제	구성 삼각형 상자들(제4상자) 큰 정육각형 상자(Large Hexagon Box)	대상연령	만 3세 이상

교 구	1장의 큰 정삼각형　　　　(노랑) - 육각형 3장의 둔각 이등변 삼각형　(노랑) - 육각형 3장의 둔각 이등변 삼각형　(노랑) - 정 삼각형 2장의 둔각 이등변 삼각형　(회색) - 평행사변형 2장의 둔각 이등변 삼각형　(빨강) - 마름모

목 적	직 접	정육각형 상자의 생김새를 감지한다. 육각형 마름모 정삼각형 평행사변형 비교하고 특징을 감지한다.
	간 접	여러 가지 도형이 있음을 감지한다.

선행학습	기하 도형 서랍

언 어	정육각형, 상자, 검은 선, 맞대기, 같은 모양, 같은 색, 같은 크기, 큰, 작은

교구 제시	

활동과정 (상호작용)	제시 1 • 제 4상자(큰 육각형 상자)를 가져온다. • 교사가 상자 속에서 삼각형을 순서 없이 매트에 꺼내 놓는다. • 큰 삼각형을 좌측 상단에 놓는다. • 작은 삼각형을 두 번째에 놓는다. • 나머지 작은 삼각형은 포개어 맞춰 본다. • 하나 씩 하나 씩 서로 순서대로 놓는다. • 나머지도 똑같이 한다.(빨강, 파랑도) • 큰 삼각형을 밑으로 내려 검은 선을 따라 손가락으로 그린다. • 작은 삼각형을 밑으로 내려 검은 선을 트레이싱 한 후 검은 선 끼리 맞댄다. • 도형을 만든다. • 빨강, 파랑도 같은 방법으로 한다. 제시 2 • 작은 삼각형으로 검은 선의 변끼리 붙여서 육각형을 만든다. • 큰 육각형을 꺼내보고 짝을 맞춰서 비교해 본다. • 다음은 포개본다.- 네가 한 번 해 볼래? • 교구와 매트를 정리하여 제자리에 갖다 놓기.	
흥미점	• 검은 선끼리 맞대어 구성하기 • 같은 모양 같은 색 같은 크기끼리 분류하기	
실수정정	검은 선끼리가 정하지 못했을 때의 도형 구성의 정정	
변형 확대 및 응용	• 아동이 삼각형을 마음대로 늘어놓거나 포개서 연구해 보게 한다. • 환경 안에서 같은 모양을 한 것을 관찰하거나 찾아본다. • 종이에 그려보거나 오릴 수 있으면 오려서 종이에 붙여 본다.	지도상의 유의점
		제4상자의 도형 만들기에서 알아야 할 점 · 정삼각형 6장은 정육각형이 된다. · 정삼각형　3장→사다리꼴(정육각형의 1/2) · 정삼각형　2장→마름모꼴(정육각형의 1/3) · 둔각이등변 삼각형 6장→정육각형 · 정삼각형　6장→정육각형의 크기와 같다
		관찰(아동평가)
		큰 육각형 상자의 구성을 작업이 창의적으로 이루어지는가?

활동(16)

주 제	구성 삼각형 상자들(제5상자) 작은 정육각형 상자(Small Hexagon Box)	대상연령	만3세 이상

교 구	1개의 정삼각형 (노랑)　　　　　2장의 정삼각형 (빨강) - 마름모 6개의 정삼각형 (회색)-육각형　　3장의 정삼각형 (초록) - 사다리꼴 6개의 둔각 이등변 삼각형 (빨강)-3개의 마름모

목 적	직 접	도형의 구성으로 다양한 구성을 경험한다.
	간 접	도형구성으로 인한 도형의 변화를 인식한다.

선행학습	기하도형 서랍

언 어	정육각형, 정삼각형, 정사각형, 이등변 삼각형, 육각형 노랑, 회색, 빨강, 마름모, 사각형

교구제시	

활동과정 (상호작용)	• 제 5상자를 가져온다. • 교사가 제 5 상자 속의 삼각형을 순서 없이 꺼내 놓는다. • 같은 모양, 같은 색, 같은 크기의 삼각형끼리 모아 놓는다. • 검은색은 트래이싱 한 후 검은 선끼리 맞댄다. • 검은 선을 기초로 해서 만들어진 육각형의 중앙의 큰 삼각형과 이등변 삼각형 3장으로 만들어진 삼각형으로 바꾸어 놓는다. • 다시 빨간 삼각형 모양으로 된 사각형을 육각형 위에 포갠다. (둔각 이등변 삼각형 2장으로 만들어진 사각형이 정육각형의 1/3이 됨을 알게 한다.) • 둔각 이등변 삼각형 6장으로 정육각형을 만드는 조작을 한다. • 회색 삼각형 2장으로 평행사변형을 만들고 이 도형이 다른 이등변 삼각형이나, 빨간 삼각형 2장으로 만든 도형과 같은 크기라는 것을 깨닫게 한다.	
흥미점	• 검은색 선에 맞추어서 육각형을 만들기 • 육각형의 구성 부분과 각 부분 사이의 등가를 확인하기	
실수정정	• 육각형이 만들어지지 않았을 때 • 교사의 관찰에 의한다.	
변형 확대 및 응용	• 아동이 마음대로 생각하며 구성한 모양으로 어떤 규칙을 설명해 보게 한다.	**지도상의 유의점** 회색의 삼각형 2장으로 만든 평행사변형도 다른 이등변 삼각형으로도 만들 수 있고 또 빨간 삼각형 2장으로 만든 마름모꼴과도 같은 크기임을 이해한다.
	• 검은색 선에 관계없이 제5상자의 도형을 이용해서 자유롭게 도형 만들기를 한다.	**관찰(아동평가)** 다양하고 창의적인 구성 경험을 하고 있는가?

활동(17)

주 제	정육면체의 상자들 (일항식상자) (Monomial Cube, Power of Tow Cube)	대상연령	만2.5세~3세
교 구	일항식 상자		
목 적	직 접	입방체에 대한 시각·촉각의 지각발달을 이룬다. 육면체끼리 합해지면 또 다른 육면체를 만들게 됨을 인지한다.	
	간 접	1항식 상자 속의 구성은 여러 가지 크기의 육면체가 모여서 있음을 인지한다.	
선행학습	구성 삼각형 상자		
언 어	일항식, 정육면체, 직육면체 노랑, 흰색, 초록, 뚜껑, 빨강, 파랑, 검정		
교 구 제 시			

- 33 -

활동과정 (상호작용)	**제시 1** • 아동을 초대하고 일항식 상자를 소개하기 (깔판을 준비) • 두 손으로 일항식 상자를 가져와 깔판 왼쪽에 놓고 상자의 뚜껑을 열어 빨간 사각판의 모서리가 만나도록 놓기. • 오른손을 사용하여 윗단의 정육면체를 꺼내어 깔판의 오른쪽 끝에 놓기 • 큰 육면체로부터 하우(下右) 방향에 하나씩 상자안에 집어 넣기. **제시 2** • 상자의 상단에 놓인 것부터 하나씩 꺼내어 오른쪽에서부터 왼쪽 방향으로 수평으로 등급화 시켜 놓는다.(오른쪽 작은 것 왼쪽 큰 것 순) • 노랑 정육면체 2개를 합하여 직육면체를 만든후 다시 두 개의 정육면체와 흰색의 직육면체를 합하여 본다. • 그 위에 초록 육면체를 올려 놓아 정육면체를 만들고 그 옆에 노랑 정육면체를 붙여 직육면체를 만든다. • 그 밑에 흰색이 직육면체를 합하고 그 위에 초록색의 육면체를 올려 정육면체를 만든다. • 하나씩 상자에 넣고, 뚜껑을 닫고 아동에게 기회를 준다.
흥미점	• 정육면체, 직육면체 만져보는 것. • 정육면체, 직육면체의 크기가 다른 것을 보는 것. • 같은 색깔과 같은 모양의 육면체끼리 분류하는 것을 보는 것. • 육면체 2개가 모여 정육면체가 되기도, 직육면체가 되기도 한다는 것.
실수정정	• 시각적 부조화 • 뚜껑이 안 닫힐 때 • 뚜껑의 그림과 만든 입체가 같지 않을 때

변형 확대 및 응용	1항식상자 속의 육면체를 상자 밖에 놓고 다양한 모양으로 구성해 본다.	**지도상의 유의점** 뚜껑의 색깔그림과 같이 내용물(육면체들)맞추도록 유도한다.
		관찰(아동평가) 육면체끼리 합해져 또 다른 육면체가 이루어짐을 인지하는가?

활동(18)

주 제	정육면체의 상자들 이항식 상자 (Binomial Cube)		대상연령	만3세~3.5세
교 구	이항식 상자			
목 적	직 접	정육면체 3개가 합하여 직육면체를 만들 수 있음을 인지한다. 삼차원의 시각이 발달한다.		
	간 접	대수학의 준비		
선행학습	구성 삼각형 상자, 일항식 상자			
언 어	이항식 상자			
교 구 제 시					

활동과정 (상호작용)	제시 1 • 상자를 깔판의 왼쪽에 놓고 뚜껑을 열어 상자의 양쪽 측면의 열린 부분이 보이게 놓기 • 상단에 놓인 육면체부터 하나씩 꺼내 같은 색깔과 크기의 육면체끼리 색깔이 위로 보이게 분류 • 오른쪽 밑에 온통 파랗고 빨간 정육면체를 앞에 놓고 그뒤로 파란 육면체를 높이가 큰 것과 작은 것이 짝이 되게 놓는다. • 온통 빨간 정육면체부터 오른손으로 잡고 뚜껑 위의 같은 크기와 같은 색의 면이 닿게 검지손가락으로 짚어본 후 높이를 맞추어 뚜껑 위에 올려 놓는다. • 빨간 육면체와 인접해 있는 색깔과 모양의 육면체를 찾아 같은 방법으로 맞춰본다. • 1층이 모두 조립이 끝나면 1층씩 상자 안에 넣는다. (2층 3층 같은 순서로) • 상단 층은 온통 파란 육면체부터 시작한다. • 상자의 옆면을 닫고 뚜껑을 덮는다. 제시 2 • 상자 안에 있는 것을 하나씩 오른쪽 끝에서부터 왼쪽 방향으로 무순으로 꺼내 놓는다. • 왼쪽에 있는 것부터(꺼낸 순서 반대로) 뚜껑 위에다 조립한다. • 하단의 조립이 끝나면 그 위에 상단을 조립한다. 제시 3 • 하단을 조립하여 깔판의 오른편에 놓는다. • 상단을 조립하여 깔판의 오른쪽 위에 놓는다. • 손으로 각단의 윗면을 만져보아 높이를 비교 감지한다.	
흥미점	• 상자 뚜껑의 측면, 윗면 그림과 쌓이는 육면체들이 같음을 보는 것. • 입체와 입체가 맞닿는 면이 같다는 것을 발견하는 것.	
실수정정	시각적 부조화, 뚜껑이 안 닫힐 때 입체가 뚜껑의 그림과 같지 않을 때	
변형 확대 및 응 용	이항식 상자 안에 있는 8개의 육면체 중에서 같은 색, 크기의 것을 겹쳐 쌓거나 다른 입체와 비교해 본다.	**지도상의 유의점** • 처음에는 상단 부분만 하고 익숙해지면 상단·하단 전체를 하도록 한다. • 처음에는 상자 안에 넣어 가며 조립하고 익숙해지면 상자 밖에서 조립한다. **관찰(아동평가)** 직육면체끼리 합하여 직육면체를 만들 수 있는가?

활동(19)

주 제	정육면체의 상자들 삼항식 상자 (Trinamial Cube)		대상연령	만 3.5세 이상
교 구	삼항식 상자			
목 적	직접	정육면체끼리 합해져서 직육면체를 만든다. 3차원의 시각발달		
	간접	대수학의 준비		
선행학습	구성 삼각형 상자, 이항식 상자			
언 어	직육면체, 정육면체, 이항식 상자			
교 구 제 시				

활 동 과 정 (상호작용)	• 삼항식 상자 9개의 육면체를 꺼내어 다시 쌓아 넣으면서 3항식에 따른 이해와 개념을 형성한다. 제시 1 • 상자를 깔판의 왼쪽에 놓고 뚜껑을 열어 상자 2개의 측면 사이에 놓는다. • 가장 상단에 있는 것부터 꺼내어 오른편에 같은 색깔과 크기대로 분류 하여 놓는다. • 온통 빨간 육면체를 뚜껑 위의 같은 색깔 위에 놓는다. • 이항식 상자와 마찬가지로 인접한 색깔의 육면체를 붙여 조립한다. • 하나씩 집어 상자 안에 넣는다. • 온통 파랑을 놓고 조립한 후 상자 안에 넣는다. • 온통 노랑을 놓고 조립한 후 상자 안에 넣는다. • 옆면을 닫은 후 뚜껑을 덮는다. 제시 2 • 온통 빨강부터 한 층을 조립한 후 깔판 위에 놓는다. • 온통 파란색 층을 조립한 후 깔판 위에 놓는다. • 온통 노란색 층을 조립한 후 깔판 위에 놓는다. • 교구를 제 위치에 정리한다.	
흥 미 점	• 상자의 뚜껑 측면 윗면 그림과 쌓이는 육면체들이 같음을 보는 것. • 입체끼리 맞닿는 면이 같다는 것을 발견하는 것.	
실 수 정 정	• 시각적 부조화 • 뚜껑이 안 닫힐 때 • 뚜껑의 그림과 만든 입체가 같지 않을 때	
변 형 확 대 및 응 용	• 온통 노랑에서 파랑, 빨강의 순서로 거꾸로 조립해서 쌓는다. • 상자를 거꾸로 해서 쌓아놓은 육면체를 집어넣는다. • 이야기를 꾸며서 곁들여 가며 해 본다. • 꺼낸 순서대로 배열한 후 눈을 가리고 육면체를 쌓아본다.	**지도상의 유의점** 삼항식 상자를 제시 순서 • 입체를 상자의 측면그림을 보고 맞춰서 구성한다. • 상자에 넣지 않고 조립한다. • 같은 색, 크기의 입체를 찾아서 겹쳐 쌓거나 나머지의 입체와 비교해 본다. **관찰 (아동평가)** 정육면체끼리 합해져서 직육면체를 구성할 수 있는가?

II. 촉각
1. 사물표현
활동(20)

주 제	촉각판 (Touch Boards)		대상연령	만2.5세 이상
교 구	촉각판 1 : 왼쪽면은 거친 모래로 덮여 있고 나머지 반쪽면은 부드러운 나무결로 되어있는 직사각형의 나무판 촉각판 2 : 거친면과 부드러운 면이 교대로 5번 반복되어 있는 직사각형의 나무판. 촉각판 3 : 거친면의 정도가 5단계로 나뉘어지는 직사각형의 나무판			
목 적	직 접	촉각의 발달을 꾀한다. 촉각을 통한 식별력을 기른다.		
	간 접	집중력, 협응력, 독립심, 질서감의 발달, 관찰력과 판단력의 증진, 쓰기의 준비.		
선행학습	손씻기. 찬물에 비누로 손을 씻고 물기를 닦은 후 손가락 끝을 물의 온도를 다양하게 준비하여 물 속에 잠시동안 담근 후 만져본 경험.			
언 어	촉각판, 거칠다, 매끈하다, 더 거칠다, 가장 거칠다, 가장 매끄럽다.			
교 구 제 시				

활동과정 (상호작용)	**촉각판 제시 1** • 아동을 초대하여 책상과 깔판을 준비한다. • 촉각판을 소개하고 교구를 가져와 내려 놓는다. • 왼손으로 촉각판을 잡고 촉각판의 거친 부분이 왼쪽에 오게 한다. • 촉각판의 거친 부분이나 매끈한 부분을 오른손의 네 손가락으로 위에서 아래로 2~3번 부드럽게 만져본다. (손목은 유연하게 움직인다.) • 아동에게 거친 면을 만져보게 한다.('거칠다' '매끈하다' 용어제시) • 3단계 교수법으로 언어를 기억시킨 후 아동활동 권장. **촉각판 제시 2** • 왼손으로 판자의 왼쪽부분을 잡는다. • 오른손 검지, 중지 두 손가락으로 상하로 2~3번 반복해서 부드럽게 만진다. • 왼쪽에서 오른쪽 방향으로 만진다 ('거칠다''매끈하다'언어제시 및 말해보게 한다.) **촉각판 제시 3** • 가장 거친 면이 왼쪽으로 가게 하여 왼손으로 판자의 왼쪽부분을 잡는다. • 오른손 검지, 중지 두 손가락으로 상하, 좌우로 2~3번 반복해서 부드럽게 만진다. • '가장 거칠다, 가장 덜 거칠다', '이것은 이것보다 덜(더) 거칠다'로 비교급의 용어까지 지도.
흥미점	• 거칠고 매끄러운 면의 차이점을 느끼는 것. • 새로운 언어를 배우는 것. • 촉감 교육을 시킬 때 교사는 적극적인 역할을 하게 된다.
실수정정	• 너무 세게 손가락을 문지를 때. • 거칠고 매끄러운 면을 함께 만질 때.

변형 확대 및 응용	• 촉각판을 만질 때의 손의 움직임은 위→아래 좌→우로 하여 쓰기의 준비작업이 되도록 한다. • 눈가리개 사용 • 주변의 여러 가지 물건들을 만져보고 느낌을 발표한다.	**지도상의 유의점** 손을 따뜻한 물로 씻어서 따뜻하게하여 만지게 하는 것이 촉각을 더 예민하게 느낄 수 있다. **관찰(아동평가)** 촉각을 통한 식별 능력이 있는가?

활동(21)

주 제	촉각판 짝 맞추기 (Touch Tablet)	대상연령	만 3세 이상
교 구	거친 정도가 서로 다른 촉각판 5조.(촉각판자 3과 같은 재질)		

목 적	직 접	사물 표면에 대한 촉각의 정련성을 기른다.
	간 접	글씨 쓰기의 준비 (손목의 움직임)

선행학습	손씻기. 촉각판

언 어	촉각판, 거칠다, 더 거칠다, 가장 거칠다, 쓰다듬다.

교 구 제 시	

- 41 -

활동과정 (상호작용)	**거칠은 정도가 같은 촉각판 찾기** • 아동을 초대하고 깔판을 준비한 후 촉각판자를 소개한다. • 교구를 가져와 깔판 위에 놓는다. • 처음에는 3조 6개를 가지고 가장 거친 것, 중간 거친 것, 가장 덜 거친것으로 분류한다. • 촉각판자를 한 더미로 섞어 놓은 후 먼저 촉각판자 두 개를 꺼내 앞에 나란히 놓는다. • 눈을 감은 후 왼손으로 왼손에 놓인 판자부터 잡고 오른손 검지, 중지로 상하 방향으로 만진다. • 느낌이 같으면 고개를 끄덕이고 눈을 떠 확인한 후 깔판 왼쪽 상단에 같은 감촉의 판자끼리 나란히 붙여 놓는다. • 두 개의 촉각판자가 느낌이 다르면 꺼낸 오른쪽 판자를 깔판 오른편 하단에 놓고 판자 더미에서 하나를 다시 왼쪽의 것과 비교하여 만져본다. • 같은 방법으로 모든 촉각판자를 만져보고 같은 재질끼리 찾아 짝을 맞춘다. (아동기회제공)	
흥 미 점	촉감이 같거나 서로 다른 촉각판의 느낌을 비교하는 과정에서 맛보는 감촉	
실수정정	자기 촉각의 실수, 시각적 요소. 다른 재질끼리 짝을 짓게 되었을 때	
변형 확대 및 응 용	• 눈 가리개를 사용한다. • 깔판을 2개 준비해서 기억놀이를 한다. • 한 조는 첫 번째 깔판 위에서, 다른조는 두 번째 깔판 위에 올려 놓고 한쪽에서 만져보고 기억했다가 다른 깔판에 가서 판자를 만져보고 같은 재질을 찾아 가져온다.	**지도상의 유의점** • 촉각판 짝 맞추기 활동이 끝난 후 쓰기의 준비 활동으로 보조교재를 펠트(felt)로 만들어 이용하면 좋다. **관 찰 (아 동 평 가)** 사물의 표면에 대한 촉감을 정확히 감지 하는가?

활동(22)

주 제	옷감 짝 맞추기 (Fabrics Matching)	대상연령	만 3세 이상

교 구	면, 마, 모, 견, 나일론 등 재질이 각기 다른 여러 옷감 2쌍씩 10장. 눈 가리게 색깔은 밝고 선명한 것이 좋다.		

목 적	직 접	옷감, 짝 맞추기를 통한 촉각의 정련
	간 접	옷감의 같은 재질 짝 맞추기

선행학습	손씻기, 촉각판 짝 맞추기

언 어	면, 마, 견, 모, 나일론 등의 직물의 이름, 거칠다, 부드럽다. 등 촉감의 이름

교 구 제 시	

- 43 -

활동과정 (상호작용)	< 같은 재질(감촉)의 옷감 찾기 > • 아동을 초대 • 깔판이나 책상을 준비하고 간단한 옷감의 명칭을 소개한다. • 옷감이 담긴 바구니를 가져와 깔판 위에 놓는다. • 바구니에 있는 옷감을 모두 꺼내서 바구니 앞에 한 더미로 쌓아 놓는다. • 두 장의 옷감을 꺼내 앞에 나란히 놓는다.(옷감 꺼내기 전에 옷에다 손가락을 문질러 준다.) • 눈가리개를 이용해 두 손으로 왼쪽에 놓인 옷감부터 양손으로 가볍게 만져본다. • 같은 느낌의 옷감을 찾아 짝을 짓는다. 짝 짓기가 끝나면 다시 모두 섞어 두 손으로 놓는다. • 같은 재질의 옷감이면 고개를 끄덕이며 눈을 뜨고 확인한 후 깔판 왼쪽 상단에 나란히 붙여 놓는다. 다른 재질의 옷감 일때는 오른쪽의 옷감을 깔판 오른쪽 하단에 놓는다. • 옷감더미에서 옷감 한 장을 꺼내어 같은 방법으로 비교해 본다. • 같은 재질의 옷감을 찾으면 같은 옷감끼리 짝지어 놓고 더미에 올려놓고 그 다음 옷감을 시작한다.
흥미점	• 같은 옷감끼리 짝 맞추기를 하는 것. • 직물의 다른 감촉을 느끼는 것. • 눈을 감고 옷감의 질감을 느껴보는 것. • 옷감의 짜임새가 다름을 보는 것. • 여러 가지 옷감의 이름을 아는 것.
실수정정	아동의 시각, 직물이 짝짝이로 남을 때, 직물의 색깔. 간단한 옷감의 이름

변형 확대 및 응용	• 한 종류의 직물, 한가지 색의 직물 놓기. • 직물이 가공되기 전의 원료의 사진과 직물을 짝 맞추기. (예: 양 - 모, 누에 - 견, 목화 - 면의 사진 짝짓기)	**지도상의 유의점**
		아동의 수준에 따라 좀 어려운 아동에게는 알기 쉬운 천 2-3 종류만 주고 차차 천의 수를 늘려 간다.
		관찰 (아동평가)
		옷감 짝 맞추기 활동을 통해 옷감에 대한 촉감을 사실대로 감지하는가?

2. 온도감각
활동(23)

주 제	온각병 (Thermic Bottles)	대상연령	만 3세 이상
교 구	온도차이가 15°C씩 나는 뚜껑이 있고 손잡이가 있는 금속성의 병 4쌍 8개 · 뜨거운 병 – 뜨거운 물을 넣음. · 미지근한 병 – 속을 비워 둠 · 따뜻한 병 – 따뜻한 물을 넣음. · 차가운 병 – 냉장고에 넣어 둠		
목 적	**직 접** 감각으로 대강의 온도를 짐작 할 수 있다. **간 접** 같은 온도 짝 맞추기		
선행학습	손씻기, 촉각판 짝 맞추기		
언 어	온도(각)병, 차갑다, 뜨겁다, 따뜻하다, 미지근하다, 온도가 같다, 온도가 다르다. 가장 찬 물, 뜨거운 물. 온각병의 짝짓기 온각병의 서열화		
교구 제시	① 뜨뜻한 물 체온정도의 물 ② 따뜻한 물 ①의 물의 온도보다 10°C 높은 온도 ③ 미지근한물 ①의 물의 온도보다 10°C 낮은 온도 ④ 차가운 물 ③의 물의 온도보다 20°C 낮은 온도		

활동과정 (상호작용)	< 같은 온도의 물병 짝 짓기 > < 온각병의 온도가 같은 것끼리 짝 짓기 > < 눈을 가리고 3개의 온각 순서대로 가려내기 > • 아동을 초대하고 온각병을 소개한다. • 책상에 소리나지 않게 비닐매트를 깐 다음 책상위로 온각병 상자를 가져 온다. (차가운 병 2개는 냉장고에 있다.) • 온각병 상자를 책상의 가운데에 놓고 뚜껑은 온각병 상자 밑에 놓는다. • 노란 스티커의 2개의 빈 병은 책상 위에 놓고, 나머지 병들은 상자 체로 씽크 대로 갖고 간다. 주황색 스티커의 2병에 따뜻한 물을, 빨간 스티커의 병엔 뜨거운 물을 넣는다. - 상자에 담아 책상으로 가지고 온다. • 냉장고에 가서 차가운 병 2개를 가져온다. • 오른쪽 칸에 있는 병 4개를 순서 없이 섞는다. • 병 2개를 상자에서 꺼내어 왼쪽의 병부터 한개씩 쥐고, 번갈아 만져본다. • 온도가 같으면 책상 왼쪽 위에 나란히 놓고 온도가 같지 않으면 오른쪽의 온각병을 책상 오른쪽 하단에 놓고 상자에서 오른쪽의 다른 온각병을 꺼낸다. • 2개의 온각병이 온도가 같으면 책상 왼쪽에 나란히 놓고 오른쪽에 남겨 두었던 온각병을 다시 상자 속에 넣는다. • 위와 같은 방법으로 상자 속의 온각병을 모두 같은 온도끼리 짝 지어 본다. • 뚜껑을 열고 씽크대에 물을 버린다. • 여섯 개의 온각병은 짝을 맞추어 상자에 넣고 두 개의 병은 냉장고에 넣는다. - 아동활동 제공	
흥미점	• 금속성의 병 • 온각병에 물을 채워 넣는 것 • 온각병의 온도가 각기 다른 것을 보는 것	
실수정정	교사와 어린이의 손의 온도 감각	
변형 확대 및 응 용	• 온각병을 한 조만 가지고 온도에 따라 등급화 시킨다. • 비교하는 두 개의 온각병 중 온도가 높은 것을 왼쪽에 놓는다. • 언어카드와 온각병을 맞추어 본다. • 온각병의 서열화	지도상의 유의점
		뜨거운 물을 넣을 때 손이 데지 않도록 교사가 도와준다.
		관 찰 (아 동 평 가)
		감각으로 온도를 감지 할 수 있는가?

활동(24)

주 제	온각판 (Thermic Tablets)		대상연령	만3세 이상
교 구	크기는 같고 재질이 각기 다른 4조의 판자 8장이 상자에 들어있다. 펠트(나무, 타일, 금속)			
목 적	직 접	온도 감지 능력을 기른다.		
	간 접	같은 온도를 감지 할 수 있다.		
선행학습	온각병의 서열화 온각병의 짝짓기			
언 어	나무, 펠트, 타일, 금속 등 각 재질의 이름, ~보다 따뜻하다, ~보다 차다. 어느것이 더 차니? (따뜻하니?) 이것이 더 차다			
교구 제시				

- 47 -

활동과정 (상호작용)	< 같은 온도의 온각판 찾아내기 >	
	• 아동을 초대하여 바닥이나 책상 위에 깔판을 준비하고 온각판의 명칭을 소개하고 온각판 상자를 깔판 위에 놓는다. • 깔판 오른쪽에 상자를 놓고 뚜껑을 열어 상자밑에 놓는다.(여기엔 같은 온도가 느껴지는 판이 두 개씩 들어있어 같은 짝을 찾아 본 것임.) • 상자에서 온각판을 모두 꺼내 섞은 후 무순위로 놓는다. • 온각판 두 개를 양손에 하나씩 든다. • 눈을 가리고 두 손에 온각판을 들어 각각 볼에 갖다 댄후 온도가 같으면 고개를 끄덕인 후 눈을 뜨고 확인한다. • 2개의 온각판이 같을 때 깔판 왼쪽위에 나란히 붙여 놓고, 온도가 다르면 오른손의 온각판을 깔판 오른쪽 하단에 내려놓고 온각판 더미에서 다른 것 하나를 꺼낸다. (같은 방법으로 계속 4쌍의 온각판 짝 찾기) • 짝을 맞추어 상자에 넣는다. - 아동활동 권유	
흥미점	• 온각판 만지며 온도를 느끼는 것. • 온도 차이를 변별 하는 것 • 온각판의 재질 • 같은 것끼리 짝짓기	
실수정정	재질의 색깔, 교사와 아동의 손의 온도 감각.	
변형 확대 및 응용	• 온도 등급화 시킬 일상생활 들을 모아서 온도에 따라 등급화 시키기 • 기억놀이 • 온각판과 비슷한 것 환경에서 찾아보기.(책상, 의자, 바닥, 물, 옷, 창틀, 유리)	지도상의 유의점
		온각판의 재질을 펠트, 나무, 금속, 대리석으로도 보게 한다.
		관찰(아동평가)
		감각으로 온도를 감지 할 수 있나?

3. 압각
활동(25)

주 제	무게 변별판 (Baric Tablets)	대상연령	만 3~4세
교 구	무게가 다른 세 가지 판 10개씩 30장. • 가장 무거운 판 : 가장 짙은 색깔, 버드나무로 만듦. 27g • 중간 무거운 판 : 중간 색깔, 호도나무로 만듦. 18g • 가장 가벼운 판 : 가장 밝은 색깔, 소나무로 만듦. 9g		
목 적	직 접	무게에 대한 촉각의 정련	
	간 접	같은 무게판, 짝 맞추기 판단력 기르기	
선행학습	손씻기		
언 어	무게 변별판, 가장 무겁다, 더(덜) 무겁다, 더(덜) 가볍다, 가장 가볍다, 저울 질 한다.		
교 구 제 시			

활동과정 (상호작용)	< 무겁고 가벼운 것 구별, 눈을 감고 무겁고 가벼운 것 구별해 내기 > 제시1 • 왼쪽에는 무거운 판자를, 오른쪽에는 가벼운 판자를 두 더미로 쌓는다. • 양손을 계란을 쥔 듯한 모양을 하고, 손 끝에 판자를 하나씩 올려 놓는다. • 무거운 판자의 손이 계속 밑으로 내려가게 저울질 하면서 "무겁다"라고 말한다. • 판자를 각각의 가볍고 무거운 더미 위에 분류하여 놓는다. 제시2 • 아동초대 - 깔판이나 책상준비 • 무게 변별판을 소개하고 무게 변별판 상자를 가져와 깔판이나 책상 위에 놓는다. • 상자는 중앙에 가로로 놓고 뚜껑을 열어 상자 밑에 놓는다. • 가장 무거운 것, 중간 무게의 것, 가장 가벼운 것을 각각 2장씩 6장의 판자를 상자에서 꺼낸 후 상자의 뚜껑은 닫는다. • 여섯 장의 판을 섞어서 무 순위 더미로 가운데 놓는다. • 다섯 손가락을 모은 양손에 두 개의 판을 1개씩 올려놓고 눈을 감고 저울질한다. 양손에 두 개의 판을 1개씩 올리고 손 저울질을 한다. (무게가 같으면 고개를 끄덕인다) • 눈을 뜨고 확인한 후 같은 판이면 깔판 왼쪽 위에 나란히 붙여 놓는다. • 무게가 다르면 오른쪽 손에 들고 있는 것을 깔판 오른쪽 하단에 내려놓고, 판 더미에서 다시 하나를 꺼내 오른쪽 위에 놓고 다시 저울질 해 본다. • 무게가 같으면 깔판 왼쪽 위에 짝을 지워놓고 깔판 오른쪽 하단에 남겨 두었던 판을 더미 위에 다시 올려놓는다.(짝짓기 완료) • 같은 무게 판 끼리 상자의 각 칸에 넣어서 정리한다.
흥 미 점	• 무게의 차이를 느껴보는 것. • 위, 아래로 손을 저울질 해 보는 것 • 눈을 감고 해 보는 것.
실수정정	• 판자의 색 • 무게가 다르다 • 선생님과 아동의 촉각의 차이.

변형 확대 및 응 용	• 눈 가리게 사용하기 • 가장 무거운 것, 중간 무게 것,가장 가벼운 판을 놓고 등급화 시키기 • 최상급 • 저울 사용하기 • 환경에 있는 물건 가져와 무게 비교하기.	**지도상의 유의점** 교구의 나두상자 안에 3칸으로 구분 되어 있어 그 안에 각 10장씩의 판이 들어 있어 총 30장이 되고 각 판의 크기는 8cm×6cm 로 모두 같음을 알려 준다.
		관찰 (아 동 평 가) 물체는 무게가 있으며 물체에 따라 그 무게가 각각 다름을 인지하는가?

4. 실체인식감각
활동(26)

주 제	수수께끼 주머니 (Mystery Bag)		대상연령	만2.5세 이상
교 구	비닐 주머니. 주머니 속에 들어갈 위험성이 없는 여러 가지 물체 등			
목 적	직 접	실체 인식 감각에 대한 촉각의 정련		
	간 접	감추어진 물건 근육을 통해 알아보기 눈에 보이지 않는 물건 알아보기		
선행학습	손씻기, 촉각 판상자 놀이			
언 어	비닐주머니, 물체의 이름, 꺼내다.			
교구 제시	여러가지 주머니			

활동과정 (상호작용)	주머니속 물건의 이름 맞추기 제시한 물건 찾아내기 • 아동을 초대하고 깔판을 준비한다. • 실체 주머니를 소개하며 주머니를 가져와 깔판 중앙에 놓는다. • 왼손으로 주머니의 윗 부분을 잡는다. • 주머니 속에 오른손을 집어넣어 하나씩 꺼내어 이름을 말한다. • 깔판의 왼쪽에서 오른쪽으로 나란히 놓는다. • 다시 왼쪽의 것부터 주머니 속에 집어넣는다. • 눈을 감고 주머니 속에 두 손을 넣어 손에 닿는 것 하나를 만진다. • 근육의 기억력을 사용해서 물체의 이름을 말한 후 꺼내어 확인한 후 맞으면 고개를 끄덕인 후 깔판 위에 왼쪽에서 오른쪽으로 놓는다. • 같은 방법으로 주머니 속의 물체의 이름을 모두 맞춰본다. • 왼쪽에 놓인 것부터 주머니에 집어넣는다. • 아동에게 할 수 있는 기회를 준다.(주머니의 폭이 두 손이 들어갈 정도로 넉넉해야 한다.)
흥미점	• 손으로 물체를 만지는 것. • 보이지 않는 물체의 이름을 아는 것. • 주머니와 아동과 친숙한 물건들
실수정정	교사와 아동의 촉각의 다름을 감지하지 못할 때

변형 확대 및 응용	• 두 어린이가 같은 비닐 주머니를 한 개씩 들고 물건 찾아 맞추기 • 모양은 같은데 재질이 다른 것 분류하기. • 재질은 같은데 모양이 다른 것 분류하기. • 작은 기하입체 두 세트를 주머니 두 개에 넣어 같은 것 찾기.	**지도상의 유의점** • 교실에 비치하는 주머니의 수나 내용물도 자주 바꾸어 주는 것이 좋다. • 주머니의 폭이 두 손으로 들어갈 정도로 넉넉해야 한다. **관찰 (아동평가)** 감각을 통하여 물체를 찾거나 알아맞출 수 있는 감각능력이 있는가?

III. 청각
1. 음의 강함
활동(27)

주 제	소리상자 (Sound Cylinders)	대상연령	만 3세
교 구	6쌍의 다른 소리로 된 원기둥이 각각 들어있는 뚜껑이 빨간 상자, 파란상자		
목 적	직 접	소리의 구별을 통한 청각의 정련	
	간 접	같은 소리 짝 맞추기, 음악의 준비	
선행학습	일상생활의 침묵게임		
언 어	소리가 강하다(크다), 소리가 약하다(부드럽다), 소리상자, 빨간 상자, 파란 상자		
교 구 제 시			

활동과정 (상호작용)	< 같은 소리 찾아내기 > • 유아 초대, 교구명과 위치 알아보기 • 자리를 정하고 매트 펴기 • 매트 위에 교구를 놓기 • 두 개의 소리상자 중 하나 먼저 뚜껑열기 • 하나씩 꺼내어 흔들어 보고 소리를 들어보기 • 또 다른 상자를 열어 흔들어 보고 전에 들었던 상자의 것과 같은 소리를 찾아 짝을 지어보기 • 양손에 하나씩 들고 한쪽을 들어 본 후 또 다른 상자의 것을 들어본다. • 같은 소리의 것은 짝을 지어 배열한다. (흔들 때는 고개를 끄덕여 가며 변별한다,) • 다시 섞어 제자리에 넣는다. • 아동에게 권한다.(이젠 네 차례야!) • 활동이 끝나면 제자리에 교구를 놓는다 - 매트정리	
흥미점	• 원기둥을 양쪽 귀에 번갈아 흔들어 소리 듣는 것. • 원기둥마다 각각의 소리가 다른 것. • 같은 소리 짝짓기.	
실수정정	• 소리 원기둥 밑의 스티커 색깔 • 교사와 아동의 청각적 구별 능력	
변형 확대 및 응용	• 서열화 하기 : 한 세트를 일렬로 세워 놓고 흔들어 보아 소리가 강한 것은 자꾸 왼쪽에 가도록 놓기. • 같은소리 찾기 : 두명이 등을 대고 앉아서 빨간 상자와 파란 상자를 각각 나누어 가진후 원기둥을 하나씩 꺼내어 흔들어 같은 소리가 나는 것끼리 짝지어 놓아보기.	**지도상의 유의점** • 제시는 똑같이 강한 음 찾아내기 부터 시작하여 음이 큰 순서대로 늘어 놓기의 변형 단계에서는 기억 게임을 하도록 한다. • 소리 원기둥의 밑변에 강약표시를 해두어 지도 시 사용한다. **관찰 (아동평가)** 소리의 음색과 크기를 감지할 수 있는가?

활동(28)

주 제	소리 주머니 (Sound Bag)	대상연령	만3세
교 구	세트1) 주변의 소리나는 물건들 - 사포, 빗, 가위, 방울, 종이, 스푼 등. 세트2) 악기주머니 - 마라카스, 우드블럭, 트라이 앵글, 리듬막대 등 　　　　 여러 가지 악기가 들어 있는 큰 주머니.		
목 적	직 접	소리의 구별을 통한 청각의 정련	
	간 접	음악의 준비	
선행학습	소리 원기둥		
언 어	소리 주머니, 사포, 빗, 가위, 방울, 종이, 스푼, 마라카스, 트라이 앵글, 우드블럭, 리듬막대, 연주한다.		
교 구 제 시			

활동과정 (상호작용)	<주머니에서 꺼낸 물체의 소리 내보기> <소리나는 물체의 이름을 알아 맞추기> 제시 1 • 아동을 초대 - 깔판준비 - 소리 주머니 소개하기 • 소리 주머니를 가져와 깔판 중앙에 놓기 • 왼손으로 주머니의 끝을 잡고 오른손으로 물체 하나를 꺼내기 • 꺼낸 물체를 소리내고 물체의 이름을 말한다. • 매트 왼쪽에 물체를 놓는다(같은 방법으로 계속 한다.) • 다시 주머니 속에 물체를 전부 집어넣는다. 제시 2 • 주머니 속에 오른손을 넣어 물체를 하나 집는다. • 주머니 속에서 물체를 소리내본다. • 소리나는 물체의 이름을 말하기 - 꺼내어 확인하기 - 깔판의 왼쪽에 놓기 • 악기 주머니도 같은 방법으로 제시하기
흥미점	• 손으로 악기 만지고 이름 아는 것. • 소리나는 물체를 알아 맞추는 주머니 자체. • 주머니 속 물건. • 악기를 연구해 보는 것
실수정정	교사와 아동의 청각

변형 확대 및 응용	• 두 쌍을 준비해서 각각 주머니에 한가지씩 넣고 같은 것 찾아 내기. • 왼쪽의 것부터 다시 주머니에 집어넣은 후 주머니 속에서 흔들어 보고 이름을 말한 후 꺼내어 확인한다.	지도상의 유의점
		주머니 속의 물체를 자주 바꾸어 주어 흥미를 느낄 수 있도록 한다.
		관찰 (아동평가)
		주머니 속에서 소리를 내보고 악기를 알아 맞출 수 있는가?

2. 음의 고저
활동(29)

활동주제	음계종 (Bells)		대상연령	만 3세~5세
교 구	종(흰색, 갈색) 매트 타종막대 소리 멈춤 막대			
목 적	직 접	음의 고저에 대한 청각의 정련		
	간 접	음악의 준비		
선행학습	소리상자, 소리 주머니			
언 어	벨, 타봉, 음향정지막대, 흰색 종, 나무 색 종, 친다, 멈춘다, 계명 도, 레, 미, 파, 솔, 라, 시, 도. 음이 높다. 낮다.			
교구 제시				

활 동 과 정 (상호작용)	**제시 1 - 도** • 아동을 초대하고 종을 소개한다. • 흰색 '도'와 갈색'도', 타봉, 소리 멈춤 막대가 쟁반에 놓여 있다. • 타봉을 오른손에 거꾸로 가볍게 잡아 흔들리게 들고 벨을 친다. - 허밍으로 "음" 소리내기. • 소리 멈춤 막대를 왼손에 들고 막대 끝의 흰 헝겊 부분을 벨의 밑 부분에 닿게 갖다 댄다. • 같은 방법으로 나무 색 벨을 두드려 같은 음의 벨을 찾는다(고개를 끄덕 확인) • 같은 계명의 벨을 흰색 벨 오른편에, 나무 색 벨과 소리 멈춤 막대는 쟁반 왼편에, 타봉을 쟁반 오른편에 놓는다. - 아동차례 주기 - 쟁반을 선반위로 가져간다. **제시 2** • 서열1 지정한 한 개의 흰 종의 소리를 갈색 종 중에서 찾아내기. • 같은 음의 종인 경우엔 나무색 종일 흰색 종 앞에 한다. • 서열2 하얀 뿔을 쳐보고 가장 낮은 것 찾기 • 서열3 - 가 색 별 중에서 가장 낮은 것 찾기 **제시 3 - 도, 솔** • 한 쟁반 위에 흰색 벨 '도'와 '솔'과 나무 색 벨의 '도'와 솔', 타봉 멈춤 막대 준비 • 선반 위에 쟁반을 책상에 갖다놓기 • 왼쪽에 있는 흰색 종을 쳐서 소리를 듣고 허밍 한 후 소리를 멈춘다. • 갈색의 종의 하나를 쳐서 소리를 듣고 허밍 한 후 소리를 멈춘다. • 같은 음의 종일 경우엔, 나무 색의 종을 흰색 종 앞에 놓는다. • 음이 같지 않을 경우에는, 그 회색 종을 다시 쳐서 듣고 허밍 한 후 다른 나무 색 종을 쳐서 같은 음을 찾아 같은 방법으로 해본다. • 쟁반에 놓여 있지 않는 경우에는 종을 들고 이동하는데, 그 때에는 오른손으로 종의 기둥을 잡고 왼손으로 종의 밑을 받쳐서 나른다. 제시 4 - 도, 미, 솔음과 같음 음 찾기 제시 5 - 도, 레, 미, 파, 솔음과 같은 음 찾기 제시 6 - 낮은 도에서 높은 도음과 같은음 찾기
흥 미 점	• 종의 받침대 색깔과 모양 • 음향정지 막대로 소리를 멈추는 것 • 종을 타봉으로 칠 때 나는 소리. • 같은 계명 찾는 것. • 종의 소리가 각각 다른 것. • 층 나누기
실 수 정 정	피아노

| 변 형 확 대
및
응   용 | • 종을 치면서 간단한 계명의 노래 부르기.
• 피아노 소리와 맞추어 소리를 맞추어 보기
• 종과 같은 음으로 챈트로 주고 받기.
• 나무 색 종8개만으로 등급화 시키기. | **지도상의 유의점**
13개의 벨(전부)을 울렸을 때 음의 높이를 들어본다.

관 찰 (아 동 평 가)
8개의 벨(흰색)을 울렸을 때의 음의 높이 |

IV. 후각
활동(30)

주 제	후각병 (Smelling Bottles)		대상연령	만 4세 이상
교 구	후추, 마늘, 생강, 계피, 깨소금, 커피, 비누 가루등 냄새가 나는 가루를 보이지 않는 병에 쌍으로 담아두고, 병 밑에 색 스티커로 같은 짝을 표시해 둔다.			
목 적	직 접	후각의 정련		
	간 접	같은 냄새 짝짓기		
선행학습	기본적인 일상 활동들			
언 어	후각병, 재료의 이름, 후추, 마늘, 생강, 계피 등			
교 구 제 시				

활동과정 (상호작용)	< 코로 냄새 맡는 감지 능력 찾기 > • 유아를 초대하여 교구명과 위치를 알려준다. • 자리를 정하여 매트를 편다. • 후각 병 상자를 매트 위에 놓는다. • 상자를 열고 병을 꺼내어 뚜껑을 열고 손으로 바람을 일으켜 냄새를 맡는다. • 아동에게 냄새를 맡아보게 하고 무슨 냄새가 나는지 질문해 어휘표현을 하도록 한다. ◆ 이것은 무슨 냄새가 나니? -로션 냄새요! • 여기의 후각병 중에는 서로 같은 냄새가 나는 것이 있다는 것을 알려준다. • 뚜껑을 열어 냄새를 맡는다. • 서로 같은 냄새가 나는 후각 병을 찾도록 한다. • 짝을 지은 후각 병들을 상자에 정리하여 넣는다. • 매트를 말아 정리하고 제자리에 놓는다.
흥미점	• 냄새 맡는 방법. • 여러 가지 냄새 이름 배우기 • 같은 냄새 짝짓기
실수정정	• 교사와 아동의 후각. • 병 밑에 붙은 같은 냄새끼리의 표시.

변형 확대 및 응 용	• 향기(냄새)를 맡고 어디에 쓰는 것인지 분류하기. • 가루가 되기 전의 원료와 비교 하기. 예) 통계피→계피가루, 통생강→생강가루, 고추 →고춧가루 • 점심, 간식 시간에 냄새맡고 음식이름 맞추기.	지도상의 유의점
		같은 냄새끼리 짝 짓기를 할 수 있는가?
		관찰 (아동평가)
		• 향기 나는 꽃이나 잎등을 말려 두었다가 냄새 주머니로 이용해도 좋다. • 콧물이 나와 있으면 변별이 어렵다는 것도 깨닫게 한다.

V. 미각
활동(31)

주 제	미각병 (Tasting Bottles)	대상연령	만4세 이상
교 구	주전자, 컵, 숟가락, 그릇, 수건, 스폰지, 쟁반, 단맛, 짠맛, 신맛, 쓴맛의 액체가 들어 있는 들어 있는 4종류 8개의 스포이드 병.		
목 적	직 접	미각의 다양함을 느끼고 미각 기능을 높인다.	
	간 접	같은 맛끼리 짝 지을 수 있다.	
선행학습	기본적인 일상생활		
언 어	달다, 짜다, 시다, 쓰다, 물병, 컵, 스폰지, 수건, 그릇, 쟁반, 스포이드 병, 숟가락		
교구제시			

활동과정 (상호작용)	< 감각으로 같은 맛 찾아내기 > • 유아를 초대하고 교구명과 위치를 알려준다. • 자리를 정하고 매트를 편다. • 교구를 가져와 놓는다. • 미각병을 집어 뚜껑을 연다. • 준비된 스푼에 한, 두 방울을 떨어뜨려 맛을 보도록 한다. • 맛이 어떤지 이야기 해 본다. ◆ 어떤 맛이 나니 - 단맛이요. 그래 선생님도 단맛을 느꼈어. • 준비된 물이 담긴 그릇에 사용한 스푼을 헹군다. • 작은 그릇에 물을 담아 입안을 헹군다. • 위와 같은 방법으로 다양한 맛을 경험해 본다. • 활동이 끝나면 교구를 정리하여 제자리에 놓는다. • 매트는 말아서 제자리에 놓는다.	
흥미점	• 맛보고 알아내는 것. • 맛 본 뒤 입안을 헹구는 것.. • 맛에 대해 이야기하는 것.	
실수정정	• 교사와 아동의 미각 • 맛 본 후 입안을 헹구지 않는 것.	

변형 확대
및
응용
	<기억놀이>
	
	• 단맛·짠맛·신맛·쓴맛의 언어를 읽고 병과 짝 짓는다.
	
	• 여러 가지 과일 쥬스를 맛보고 어떤 과일인지 알아 맞춘다
	
	• 원료와 같이 제시한다.
	  예) 각설탕-단맛,
	     식초- 신맛,
	     소금·간장-짠맛
		지도상의 유의점
		
		명칭 연습의 예
		(단계) (교사) (어린이)
		제1단계 : 이것은 달다: 달다 짜다
		        이것은 짜다
		단 것은 어느 쪽 입니까?
		제2단계 : 맛을 보고 맛을 보고
		        짠 쪽을 짠 쪽을
		        가리키세요 가리킨다
		제3단계 : 이것은 달다. 짜다
		        어떠합니까?
		
		관 찰 (아 동 평 가)
		
		같은 맛끼리 짝 짓기를 할 수 있는가?

참고문헌 : 송미령 배진영 공저- 몬테소리 감각교육: 창지사

<참고문헌>

- 교육부,「제7차 초·중등학교 교육과정」, (1998).
- 교육부,「초등학교 교육과정 해설 (Ⅰ권 ~ Ⅴ권), (1997).
- 권명자,「몬테소리 철학」, 연수교재 (1999).
- 권명자,「도움통신문」, (유 초등학교 연계지도 자료), 보육사, (1994).
- 김은산,「외국의 열린교육」, 방송통신대교원연수집 (1997).
- A.M.S 몬테소리 교육수강 내용.(미국 신시에티 주 XAVIER대학)
- 민병수,「새국어사전」, 박영사(1997).
- 서봉연,「발달의 이론」, 서울중앙적성출판사(1985).
- 서석남,「몬테소리 생명교육」, 동문사(1998).
- 서울잠일초등학교,「몬테소리교육방법을 적용한 개별화 교수·학습 능력의 활성화 방안」, (2000).
- 서울초등몬테소리연구회,「서울초등몬테소리교육 하계자율연수」, (2001).
- 서울특별시교원연수원,「초등열린교육지도교사 일반연수(Ⅳ)」(1998).
- 서울특별시교육청,「열린교육을 위한 학습방법의 이론과 실제」 승림문화사 (1997).
- 서울특별시교육청,「열린교육개별화교육 연수」, (1997).
- 이정순역, 혼자할 수 있도록 도와주세요, 아이의 발견 (M.몬테소리지움)」, 청목(1996).
- 임갑빈,「신인간관계론」, 동문사(1993.)
- 조성자,「마리아 몬테소리의 우주교육」, 중앙적성출판사(1998).
- 하영철,「교육학」, 형설출판사(1993).
- 한국몬테소리교육학회,「몬테소리교육연구 제3집」, (1998).
- 송미령·한종혜,「몬테소리 교육 (1권 ~ 12권.), 프뢰벨 사(1995).
- 서울시교육청 서울초등교육의 도약(2002).
- 변영계 수업분석의 실제 세원문화사

몬테소리 지도안 **감 각**

발행일 : 2003년 11월 5일
발행처 : 도서출판 **몬테소리**
발행인 : 박 해 동
E-mail : nexit21@empal.com
편 저 : 권 명 자
http://www.k-montessori.co.kr
전화 : 02-872-4381
fax : 02-872-4383
값 6,000원

잘못된 책은 교환해 드리며 복제를 금합니다.